Le défi de
la bienveillance

Regards chrétiens
sur l'actualité de 2017-2018

Gabriel Monet

Le défi de la bienveillance

Regards chrétiens
sur l'actualité de 2017-2018

« La bienveillance est attirante et féconde ;
quand on la voit sourire dans les regards
de ceux qui nous approchent, quand on la sent
pour ainsi dire respirer autour de soi,
alors le cœur s'ouvre, il s'épanche,
et l'on devient éloquent pour exprimer
la reconnaissance qu'elle inspire. »
Alfred Auguste Pilavoine

« La non-violence, sous sa forme active,
consiste en une bienveillance envers tout ce qui existe.
C'est l'amour pur. »
Gandhi

« La bienveillance est, par excellence, la vertu d'un ami.
Seul, il connaît notre véritable personnalité
et nous aide à la conquérir. »
Francesco Alberoni

« La modeste et douce bienveillance
est une vertu qui donne plus d'amis que la richesse
et plus de crédit que le pouvoir. »
Comtesse de Ségur

Avant-propos

« Il n'y a rien de nouveau sous le soleil » affirmait l'Ecclésiaste, précisant : « Ce qui a été, c'est ce qui sera ; ce qui s'est fait, c'est ce qui se fera » (Ecclésiaste 1.9). Il est vrai que globalement, les « nouvelles » que l'on entend, voit ou lit à la radio ou à la télévision, dans les journaux ou sur le web, se ressemblent jour après jour, mois après mois, année après année : des conflits qui éclatent, des catastrophes naturelles qui bouleversent, des défis écologiques qui perdurent, des politiques qui s'opposent, des fusillades qui indignent, des maladies qui désespèrent, des faits divers tragiques qui se reproduisent… L'Ecclésiaste ajoutait : « Vanité des vanités, tout est vanité ». Le constat est réaliste et il a de quoi nous désenchanter. Pourtant, sans nier cette face-là de la marche de notre monde, sombre, il s'agit malgré tout de distinguer ce qui va bien : les succès, les progrès, les réconciliations, les accords, les réussites, les guérisons, la solidarité… Il y a une face lumineuse dans ce qui se passe sur notre planète et cela aussi existe depuis toujours. Il s'agit donc aussi de s'enchanter, ou de se ré-enchanter.

Entre ces deux visions, ces deux regards sur les réalités, nos cœurs balancent. Comment lire l'actualité ? Comment se situer ? Faut-il se contenter d'un constat amer ou est-il légitime de se réjouir et d'espérer ? Certes, dans nos vies personnelles, comme à des échelles plus larges, notre influence est limitée. Il y des choses qui sont le fruit de nos engagements, mais d'autres qui nous tombent dessus. Et s'il n'y a rien de nouveau sous le soleil, parce que cela est arrivé à d'autres avant nous ou dans d'autres contextes, cela devient neuf pour qui le découvre. Il s'agit donc, si ce n'est d'agir, au moins de porter un regard lucide, d'analyser les situations pour apprendre, pourquoi pas de se positionner…

Les billets d'humeur hebdomadaires que je rédige à l'intention première des radios adventistes, dont ceux de l'année 2017-2018 sont ici rassemblés, se veulent une contribution volontariste afin de ne pas rester indifférent. D'où ce titre : « Le défi de la bienveillance ». En effet, c'est un terme récurrent dans les chroniques de cette année et c'est surtout un encouragement assumé que de prôner la bienveillance malgré des situations qui pourraient nous cantonner à l'offuscation ou à l'abattement. Loin d'un positivisme béat, une approche bienveillante vis-à-vis des gens, des situations, des événements tend à mettre en valeur la bonté, la tolérance, l'empathie.

La bienveillance est une valeur éminemment biblique, qui décrit la façon d'être de Dieu, mais que tous sont invités à incarner. D'ailleurs, la bienveillance fait partie du fruit de l'Esprit (Galates 5.22). En d'autres termes, se laisser guider par l'Esprit de Dieu pousse à la bienveillance. C'est donner de l'égard et de l'importance à autrui, c'est vrai, mais c'est aussi une attitude gagnante pour ceux qui l'osent, puisque « l'homme dont le regard est bienveillant sera béni » (Proverbes 22.9).

Souvent, la bienveillance est un défi : elle implique une transformation de notre regard, sur les autres mais aussi sur nous-mêmes. D'une certaine manière, elle en appelle à une forme d'action. Certes, la notion de « veille » sous-entend une forme de passivité, mais lorsqu'il s'agit de « veiller bien », cela passe par une forme de discernement, d'implication et d'engagement.

Si ces billets d'humeur ont pour sous-titre radiophonique : « Quand l'information suscite la réflexion », j'espère qu'ils ne servent pas qu'à faire réfléchir, mais qu'ils constituent peut-être quelques jalons pour le vécu de la bienveillance. Au final, il importe de toujours garder l'équilibre entre les limites et les potentialités qui sont devant nous, comme le prône cette belle prière qu'on appelle souvent « la prière de la sérénité » :

« Mon Dieu,
Donne-moi la sérénité d'accepter
Les choses que je ne peux changer,
Le courage de changer les choses que je peux,
Et la sagesse d'en connaître la différence. »

Gabriel Monet
Collonges-sous-Salève, le 12 juillet 2018

Un autre monde

21 septembre 2017

« Je rêvais d'un autre monde, où la terre serait ronde, où la lune serait blonde et la vie serait féconde... ». Ainsi va la chanson bien connue du groupe Téléphone. Or, si la chanson commence à dater, le rêve, lui, est toujours d'actualité ! En effet, le monde ne tourne pas très rond, si l'on peut dire. Entre ouragans et tremblements de terre, attentats terroristes et menaces nucléaires, il y a bien des raisons de s'inquiéter de l'évolution de notre monde.

« Penser » ou « panser » l'avenir du monde, c'est bien ce que l'Assemblée générale de l'ONU qui s'est tenue du 19 au 21 septembre pouvait avoir comme objectif. Or les choses ne sont pas gagnées. D'abord parce que sur bien des sujets, l'impact que l'on peut avoir est limité. Mais aussi parce que certaines orientations méritent une forme de consensus ou au moins un désir de collaborer, et tous ne vont pas dans ce sens-là. Il est tellement tentant de penser à court terme et plus facile d'être centré sur soi... que l'intérêt collectif en souffre !

Le retrait de l'Amérique de Donald Trump des Accords de Paris sur le climat en est un exemple flagrant. Les ouragans récents qui ont frappé les Etats-Unis, dont la fréquence et la force semblent liées au réchauffement climatique, feront-ils infléchir la position américaine ? On peut l'espérer, mais sur d'autres sujets, les affrontements restent frontaux. Le premier discours de Donald Trump à l'ONU n'a pas manqué de rendre compte mais aussi d'alimenter les différends et les tensions. Evoquant des « Etats voyous », il a menacé la Corée du Nord de « destruction totale » si les Etats-Unis étaient obligés « de se défendre ou de défendre leurs alliés » contre Pyongyang. Donald Trump a par ailleurs fustigé l'Iran et les Accords de Vienne qui encadrent le nucléaire iranien. Même si évidemment je crois qu'on ne peut que soutenir tout ce qui contribue à limiter la prolifération d'armes nucléaires, au passage il est intéressant de noter qu'il est facile d'interdire aux autres ce qu'on possède déjà soi-même. La maxime biblique : « Tout ce que vous voulez que les autres fassent pour vous, faites-le de même pour eux », semble, sur le sujet nucléaire, très lointaine des préoccupations de la très chrétienne Amérique. Construire un monde meilleur ne passera probablement pas par des condamnations à l'emporte-pièce ni par des critiques ouvertes vis-à-vis d'autrui. Même s'il faut bien sûr dire les choses et ne pas être naïf, la violence des mots comme la puissance des armes sont rarement très fructueuses pour contribuer à l'harmonie.

Le président iranien a d'ailleurs logiquement rendu coup pour coup au lendemain du discours offensif de Donald Trump. « Il serait dommage que l'accord soit détruit par des voyous qui viennent d'arriver sur la scène internationale » a lancé M. Rohani. « En violant ses engagements internationaux, la nouvelle administration américaine détruit sa propre crédibilité et sape la confiance internationale à son égard » a-t-il ajouté.

A côté de ces positions tranchées et de ces attaques assez peu « diplomatiques », une autre voix s'est faite entendre, nettement plus idéaliste : celle d'Emmanuel Macron, qui lui aussi s'exprimait pour la première fois lors d'une Assemblée générale des Nations Unies. Il a prôné le multilatéralisme, la concertation entre les nations, le respect des Accords et la primauté de l'action diplomatique pour résoudre les crises. Selon le président français, « le monde multipolaire qui est aujourd'hui le nôtre nous oblige à réapprendre la complexité du dialogue mais aussi sa fécondité ». Au final, il a cherché à soutenir le projet onusien et « à réconcilier notre intérêt et nos valeurs, notre sécurité et le bien commun de la planète ». Il a rappelé que « l'indépendance réside aujourd'hui dans l'interdépendance ».

Le propos est peut-être utopique mais il a le mérite d'exister et de ne pas tomber dans la fatalité. Dans un sens, nous savons très bien que l'idéal n'est pas de ce monde, mais il importe d'espérer et de s'engager. La Bible nous invite à espérer le jour où Dieu « créera un ciel nouveau et une terre nouvelle [...] où le loup cohabitera paisiblement avec l'agneau » (Esaïe 65.17 ; Apocalypse 21.1-8), le jour où nous serons transformés (1 Corinthiens 15.51-52), mais cette espérance, loin de nous rendre attentistes, doit nous encourager à rêver, à rêver d'un monde meilleur, mais aussi et surtout à nous engager pour que dans notre sphère d'influence, nous soyons porteurs de paix, de respect et de fécondité.

Permis de (mauvaise) conduite ?

28 septembre 2017

Dès juin 2018, les routes d'Arabie Saoudite devraient être sillonnées par de nouveaux conducteurs, en l'occurrence des conductrices ! En effet, le pouvoir saoudien vient d'autoriser les femmes à obtenir leur permis de conduire. Cette discrimination va donc disparaître dans le dernier pays qui maintenait cette interdiction. Cette nouveauté suscite logiquement une large approbation de la communauté internationale. C'est un pas de plus vers une évolution plus large de la société saoudienne. En effet, certaines choses changent depuis l'accession au trône du roi Salman qui a succédé en janvier 2015 à son demi-frère, le roi Abdallah. Dès novembre 2015, les femmes ont pu voter pour la première fois, et même se présenter aux élections municipales. Certes, sur le millier d'entre elles qui se sont présentées, seules 14 ont été élues sur plus de 2100 sièges à pourvoir, car elles ne pouvaient faire campagne elles-mêmes, contraintes de passer par un porte-parole masculin. Cependant, d'autres avancées sont en marche. Depuis juillet dernier, les jeunes filles sont autorisées à faire du sport dans les écoles publiques. Samedi 23 septembre, pour la première fois, des Saoudiennes ont été ont pu participer à la Fête nationale dans un stade grâce à la création d'une section famille. La répression à l'endroit des femmes perd donc en virulence, notamment depuis avril 2016, date à laquelle la police religieuse des mœurs, la tristement célèbre Commission pour la promotion de la vertu et la prévention du vice, n'a plus qu'une fonction de signalement. C'est ainsi que récemment la plainte à l'encontre d'une jeune femme filmée en minijupe et nombril à l'air a été classée sans suite, alors que précédemment la chose ne serait pas restée sans conséquence. Derrière ces évolutions décidées sous Salman, 81 ans, on discerne l'influence de son fils, Mohammed ben Salman, 32 ans, qui est le véritable régent du royaume. Ces mesures s'inscrivent dans un plan de réformes présenté par le jeune prince en avril 2016 intitulé « Vision 2030 ». Mais il ne faut pas être dupe, la motivation semble d'abord économique. Face à la crise budgétaire d'un pays qui doit penser à l'après-pétrole, l'objectif est d'encourager l'emploi féminin. Empêcher les femmes de conduire générait un coût non négligeable puisqu'elles étaient obligées de circuler dans un véhicule avec chauffeur, en taxi, ou de solliciter leurs maris qui devaient dès lors s'absenter de leur travail.

Les motivations ont donc été diverses pour en arriver à cette ouverture concernant l'accès au volant des femmes, mais tout en se réjouissant de cette nouvelle, il est difficile de ne pas s'interroger sur ce qu'il reste à faire ou si cela ne cache pas un permis de mauvaise conduite. Car de nombreuses restrictions concernent encore les femmes saoudiennes qui ne peuvent choisir de se marier, de divorcer, de voyager, d'ouvrir un compte en banque ou de travailler sans la permission de leurs maris ou de leurs tuteurs. Les femmes n'ont pas le droit de demeurer physiquement auprès des hommes, sauf dans les hôpitaux ou les banques, et elles ne peuvent porter d'autre vêtement qu'une abaya. Par ailleurs, en focalisant les médias internationaux sur l'ouverture aux femmes, le régime saoudien détourne l'attention de la guerre yéménite dans laquelle son pays est impliqué depuis 2015 sans mandat international, de la crise qu'il a provoquée au Qatar ou encore des dizaines d'arrestations d'opposants au régime ces dernières semaines. En synthèse, tant mieux si les droits des femmes vont dans le bon sens ; dommage que les droits de l'homme, eux, ne s'améliorent pas.

Mais pour en revenir aux droits des femmes et élargir le débat, il n'y a pas qu'en Arabie Saoudite que des progrès restent à faire. Dans bien des pays, y compris les plus occidentalisés, des inégalités demeurent. On peut jeter la pierre au wahhabisme qui dévalorise le statut de la femme, mais le christianisme n'a pas été ou n'est pas toujours à la hauteur. Pourtant, s'il est indéniable que certains éléments culturels ont pu faire pencher la lecture de la Bible vers un certain sexisme, comme quand Paul demande aux femmes de se taire dans les assemblées, il n'en est pas moins vrai que l'homme et la femme sont tous deux précieux aux yeux de Dieu, comme le récit de la création en témoigne, contrairement aux apparences. Au-delà de la sympathique blague selon laquelle l'homme a été créé avant la femme car il fallait bien un brouillon avant le chef d'œuvre, c'est surtout l'égale valeur entre eux qu'il faut retenir. Si une diversité de fonctionnement ou d'aspiration entre hommes et femmes peut être mise au jour, elle n'est en rien liée à la valeur intrinsèque des unes ou des autres. En fait, qu'ils soient hommes ou femmes, tous les humains ont leur originalité propre. Il est donc urgent d'oser une vraie liberté et un légitime respect envers toutes et tous. C'est essentiel pour s'assurer une bonne conduite !

En quête d'indépendance

5 octobre 2017

Dimanche 1er octobre, le référendum qui a eu lieu en Catalogne a déchaîné les passions. Les indépendantistes catalans ont passé outre les lois pour organiser cette consultation alors qu'en réponse les autorités espagnoles ont fait preuve de rigidité en envoyant la police pour essayer d'empêcher le référendum illégal. Résultats du vote : 90 % de « oui », de nombreux blessés, une tension à son comble en Catalogne et dans toute l'Espagne, les bourses qui chutent, et un questionnement profond dans toute l'Europe. La situation est suffisamment grave et tellement confuse que le Roi d'Espagne est monté au créneau faisant preuve d'une fermeté inédite. Nul ne sait comment tout cela va évoluer, mais déjà à ce stade, en essayant de mettre les choses en perspective, plusieurs remarques peuvent être faites.

Tout d'abord, il faut bien dire que le vote massif en faveur du « oui » n'est pas représentatif de la réalité. Ne demander leur avis qu'à ceux qui sont d'accord, n'est pas le gage d'une objectivité significative. C'est ce que les séparatistes catalans ont fait, mais c'est peut-être une approche qui nous guette tous dans bien des situations de vie et qui peut nous mettre en garde pour plus d'objectivité. En l'occurrence, le référendum a récolté plus de 90 % de « oui », sauf que seuls ont été voter ceux qui prônaient l'indépendance, les autres ayant été invités à ne pas participer au vote. Un sondage réalisé au cours de l'été montrait que 49 % des Catalans sont contre la sécession alors que 41 % seulement sont pour.

A l'inverse, il faut bien dire que vouloir faire taire la voix des opposants est paradoxalement une manière de leur donner une caisse de résonnance. En réprimant et en cherchant à empêcher le scrutin par l'intervention des forces de police, le gouvernement espagnol n'a pas arrangé la situation, renforçant la frustration et la défiance des indépendantistes et faisant augmenter leur nombre. Certes, c'est facile de critiquer ces interventions musclées de la police ; c'est moins facile de proposer une alternative crédible pour simultanément préserver un esprit pacifique et faire respecter le droit. Toujours est-il que museler les opposants est rarement une bonne solution.

Par ailleurs, il faut bien noter que la cohérence est difficile face à un sujet comme celui-ci. Comme les Anglais avec leur *Brexit* qui voulaient sortir de l'Europe mais en garder les avantages, nombre de Catalans qui pourtant ont voté oui, ne sont pas prêts, ni même désireux, d'en assumer toutes les conséquences. Si la Catalogne est la région la plus riche d'Espagne et se dit que son destin sera meilleur sans les autres, cela reste à prouver. Mais de manière plus affective peut-être, il est intéressant de regarder cet aspect des choses au travers de l'exemple du football. Le célèbre club du Barça est-il prêt à renoncer aux célèbres derbies contre le Real Madrid et se contenter d'un championnat catalan. D'autre part, l'équipe nationale d'Espagne a en son sein des joueurs catalans, dont Piqué qui avait ouvertement pris position pour l'indépendance. Il a logiquement été chahuté lors de ses dernières apparitions publiques au point de prendre la parole pour essayer de calmer les choses. Il a dit tout son attachement à l'équipe d'Espagne pour qui il joue depuis l'âge de ses quinze ans, se disant peiné que l'on doute de son implication dans cette équipe qu'il considère comme sa famille. On peut le comprendre, mais en même temps où est la cohérence. Quitter l'Espagne pour l'idéal catalan que cela représente et les avantages que l'on imagine, Piqué est pour. Par contre, tout d'un coup, lorsqu'il s'agit de sa carrière personnelle qui serait clairement handicapée par un retrait de la *Roja*, Piqué redevient un fervent espagnol. Deux poids, deux mesures.

Les Catalans espagnols veulent donc leur « indépendance ». Cette notion a une résonnance biblique très ancienne puisque dès les premiers récits du premier livre de la Bible, la Genèse, cette question de l'indépendance a été au cœur des événements. L'irruption de ce que certains ont appelé « le péché originel » s'est concrétisée pour Adam et Eve en mangeant le fruit défendu, brisant ainsi le projet d'alliance que Dieu leur avait proposé, à savoir une relation de communion. Pour Adam et Eve, vivre une vie d'indépendance semblait alléchant ; la réalité d'assumer jusqu'au bout cette indépendance s'est avérée moins fructueuse qu'espéré. Sans entraver la légitime liberté de chacun, la conjugaison des diversités peut être une richesse inouïe. Face à la tentation des nationalismes ou des régionalismes, j'ose penser que l'idéal du vivre-ensemble peut et doit faire place simultanément au respect des identités respectives, mais aussi à la nécessité et la beauté de faire « maison commune ».

Un esprit sain dans un corps sain

12 octobre 2017

Les Etats généraux de l'alimentation battent leur plein en France. Depuis le 20 juillet et jusqu'à fin novembre 2017 tous ceux qui le désirent peuvent participer à une large consultation qui cherche à poser des jalons pour l'avenir de l'alimentation. Le 11 octobre, le discours du président Emmanuel Macron à Rungis a constitué une étape importante dans le processus. Il est vrai qu'autour de ce qu'il y a dans nos assiettes se jouent de nombreux enjeux de société : l'agriculture, le commerce, l'éducation, et bien sûr la santé. Un des sujets qui émerge dans ces Etats généraux de l'alimentation est la légitime intention que les agriculteurs puissent vivre dignement de leur métier. Les orientations, qui vont dans le sens de fixer les prix des denrées non plus en fonction du prix de vente déterminé par la grande distribution mais par le coût de revient, semblent frappées au coin du bon sens. Cependant, aussi importante que soit cette question, il serait dommage de limiter le débat à cet aspect, car fondamentalement, il est indéniable que notre avenir dépend en partie de quoi et comment nous nous nourrissons.

Manger n'est pas un acte anodin. Ce n'est pas juste faire le plein à la pompe à essence pour avoir suffisamment d'énergie. C'est un acte d'une richesse inouïe qui fait que grâce à une complexe alchimie, une substance un temps étrangère (végétale, minérale ou animale) devient partie intégrante de notre corps. On peut dès lors affirmer que « je suis ce que je mange ». Pas étonnant que ce sujet ne laisse personne indifférent. Pas étonnant non plus que la nourriture biologique soit en grande expansion. Ainsi, 9 Français sur 10 affirment consommer au moins de temps en temps un produit bio, et cela représente aujourd'hui un marché de 7 milliards d'euros. Un augmentation phénoménale ces dernières années. Les produits bio ne sont plus cantonnés à certains marchés ou magasins spécialisés mais ont envahi les supermarchés. Malheureusement, ce n'est pas sans travers… et ce, à plusieurs niveaux. D'abord, concernant les prix. Une étude de l'UFC-Que choisir, publiée le 29 août dernier, a mis en évidence que les marges de la grande distribution sur les produits bio étaient « exorbitantes ». La marge moyenne sur les fruits et légumes bio est de 96 % supérieure à ceux qui viennent de l'agriculture conventionnelle. Les grandes enseignes sont aujourd'hui le premier canal de distribution de produits bio et détiennent 42 % du marché. L'on voit bien que si l'alimentation est un enjeu de société, l'appât du gain n'est jamais loin, même quand il s'agit d'espérer le meilleur pour les concitoyens… Mais ces travers ne concernent pas que la distribution, mais aussi la production elle-même. Nombreux sont ceux qui se sont dit qu'il y avait là des choux potentiels, bio peut-être, mais des choux gras surtout. Ainsi, le label « bio » est certes le gage d'un produit meilleur, et à priori notamment exempt de pesticides, mais ce n'est pas non plus la panacée universelle. En effet, 50 % des produits bio vendus dans les rayons sont issus d'une agriculture bio intensive importée. Dans certains endroits, par exemple, alors que la culture hors sol est règlementairement interdite, les fruits et les légumes sont cultivés dans du sable recouvert de plastique, avec des nutriments bio délivrés par un système de goutte à goutte continu. Ou pour produire des œufs bio, il est courant que cela se fasse dans des fermes où les poules pondeuses innombrables sont entassées serrées et nourries avec du soja, certes bio, mais importé de Chine ou du Brésil où les conditions et les règlementations du bio ne sont pas identiques aux normes européennes. Bref, c'est parfois un vrai dédale que de désirer manger sainement ; cela passe probablement malgré tout par le « bio » mais aussi en mangeant « local ».

Au final, si l'on peut regretter cette complexité et certains travers, il est très positif que notre société soit de plus en plus attentive à l'alimentation. Ce n'est pas anodin que les religions aient eu de longue date des discours très engagés concernant l'alimentation, avec des directives parfois spécifiques. Ainsi la Bible mentionne de nombreuses recommandations alimentaires. C'est sans nul doute parce que dans notre être, tout est lié. Notre corps, notre âme et notre esprit ne font qu'un et les interactions entre les dimensions physiques, psychiques et spirituelles de nos vies sont indéniables. Certes, notre salut ne vient pas de notre assiette, mais la qualité de notre avenir dépend malgré tout en partie de ce que nous mangeons. D'où l'importance de manger sainement, ce qui nous permettra d'avoir un esprit sain dans un corps sain !

Le rose de l'espoir ?

19 octobre 2017

Pendant tout ce mois d'octobre et comme chaque année, la couleur rose s'affiche un peu partout. Ici un rond-point ou une place ont été décorés spécialement, là une façade est éclairée de rose... Même certains événements sportifs sont devenus des « pink nights ». Tout cela en lien avec le cancer du sein, qui touche potentiellement une femme sur huit aujourd'hui, ce qui justifie bien que l'on cherche à accompagner, prévenir et développer la recherche. C'est l'association *Le Cancer du Sein, Parlons-en !* qui depuis 25 ans fait vivre ces octobres roses. Cette année, les événements ont démarré par l'illumination de la Tour Eiffel le 27 septembre, et le 18 octobre était un peu partout un jour de sensibilisation.

C'est en 1992 qu'Evelyn Lauder, vice-présidente de la société Estée Lauder, elle-même atteinte d'un cancer du sein, lançait la campagne du ruban rose en lien avec l'association qu'elle a mis sur pied pour soutenir la recherche contre la maladie. Peu après, en France et dans de nombreux pays, le mois d'octobre devenait une plate-forme d'information, de sensibilisation, de dialogue et de lutte contre le cancer du sein. Jusqu'à sa disparition en novembre 2011, Evelyn Lauder a mené la lutte contre le cancer du sein avec une force et une abnégation exemplaires en insufflant sa détermination aux quatre coins du monde en vue de continuer le combat quoi qu'il arrive jusqu'à la victoire. Au fil des campagnes, des fonds impressionnants ont été récoltés qui ont financé utilement de nombreux projets de recherche. Mais malheureusement, si le dépistage est de plus en plus généralisé et précoce, et si les traitements sont aujourd'hui plus efficaces, la lutte continue. Le cancer du sein est en effet le plus répandu chez les femmes : il touche plus de 50 000 d'entre elles en France chaque année. 85 % de ces cancers sont invasifs, c'est-à-dire qu'ils constituent un risque ganglionnaire vers d'autres tissus. Le nombre de femmes de plus de cinquante ans atteintes d'un cancer est en baisse, probablement du fait de la diminution de la prescription de traitements hormonaux de la ménopause. Par contre, si l'âge médian des femmes atteintes du cancer du sein est de 63 ans, de plus en plus de personnes plus jeunes sont touchées. Le dépistage précoce comme l'amélioration des soins contribuent à une baisse significative de la mortalité, qui varie de 10 à 15 % en fonction de la précocité de la détection. Dans tous les cas, le cancer du sein implique des soins lourds ; dans 72 % des cas il est nécessaire de faire une ablation de la tumeur ; pour 88 % des malades le traitement passe par de la radiothérapie ; enfin, 50 % des personnes touchées doivent recourir à une chimiothérapie. Des chiffres qui donnent le tournis et qui, selon comment on les voit, peuvent être rassurants ou inquiétants. Toujours est-il que pour la personne touchée, les statistiques importent peu. Chacune est unique et lorsqu'on est confronté à la maladie, c'est un monde qui s'écroule avec des implications d'abord physiques avec tous les examens et traitements que cela implique ; mais aussi psychologiques avec le questionnement profond que cela génère ; ou encore sociales, professionnelles, patrimoniales, familiales…

Pour certains, octobre rose est une campagne parmi d'autres. Quelques-uns donneront de l'argent pour soutenir la recherche. D'autres iront se faire dépister… Puis-je, par ce billet d'humeur, suggérer que le plus grand nombre puisse ne pas laisser la fin de ce mois arriver sans avoir d'une manière ou d'une autre manifesté un geste d'empathie envers une personne que nous connaissons qui est atteinte d'un cancer du sein, ou de toute autre maladie. En effet, la solidarité et le soutien fraternel sont plus que précieux. Dans les actes de guérison que Jésus a accomplis qui sont rapportés dans les Evangiles, il y a évidemment divers éléments qui entrent en ligne de compte, et si l'on en parle comme de miracles, ce n'est pas par hasard. En tous cas un élément important me paraît ressortir bien souvent : il s'agit de la confiance. Confiance qui peut malgré les situations difficiles continuer d'émerger notamment par des relations privilégiées. Il dépend de chacun de nous de soutenir les personnes en proie à la maladie. Cela ne fera pas tout et ne garantira pas la guérison, mais cela donnera un petit côté rose à la vie. C'est presque étonnant d'avoir choisi le rose pour sensibiliser et soutenir les femmes souffrant d'un cancer du sein, car le rose est la couleur de la positivité, du bonheur… Or il faut bien le reconnaître, c'est quasiment impossible de voir la vie en rose lorsque l'on est atteint par une telle maladie. En même temps, faire vivre cet octobre rose, c'est assurément se mettre dans la dynamique de l'espoir. Alors courage à vous, courage à toi qui souffres et qui ne sais de quoi ton avenir sera fait. Ces quelques mots en rose te sont dédiés, parce que comme la rose du Petit Prince de Saint-Exupéry, tu es unique au monde pour ceux qui t'entourent et qui t'aiment !

Protester fraternellement
26 octobre 2017

Le 31 octobre 2017 va marquer le cinq-centième anniversaire de la Réforme. En effet, c'est lors de la nuit du 31 octobre 1517 que Martin Luther aurait affiché ses 95 thèses sur les portes de l'église de Wittenberg. Cet événement, aujourd'hui sujet à la caution des historiens, marque une date symbolique de l'essor du protestantisme. Au cœur de la Réforme initiée par Luther se trouve la notion de justification par la foi qu'il découvre en lisant l'épître de Paul aux Romains. Les 95 thèses en question évoquent essentiellement les caractéristiques du salut offert gracieusement par Dieu pour qui l'accepte par la foi, et ce, sans que cela ne nécessite au préalable de quelconques œuvres, notamment le fait de payer des indulgences, comme c'était une pratique courante dans l'Eglise catholique à l'époque.

En fait, nous parlons des 500 ans de la Réforme, mais dans un sens, il serait plus juste de parler de réformes au pluriel. Au cours du XVIe siècle, on peut en distinguer cinq. La Réforme initiée par Luther en Allemagne va donner l'Eglise luthérienne, même si au départ Luther n'avait absolument pas l'intention de se séparer de l'Eglise catholique mais souhaitait contribuer à certaines évolutions internes. Comme cela n'a pas été possible pour diverses raisons politico-religieuses, les nouvelles idées de Luther ont donné naissance à une nouvelle confession. La deuxième Réforme allait se développer à partir de Zurich avec Ulrich Zwingli et de Genève en la personne de Jean Calvin, faisant émerger l'Eglise réformée. Il y avait bien quelques différences entre ces deux premiers courants de la Réforme, mais suffisamment minimes pour qu'aujourd'hui, en France notamment, les luthéro-réformés forment une Eglise unie. La troisième branche de la Réforme du XVIe siècle a été la réforme dite « radicale », avec en tête de proue les anabaptistes. C'est de ce courant-là que sont les nés les baptistes, et plus généralement les évangéliques. La Réforme anglicane en Angleterre et la Réforme catholique, parfois appelée contre-réforme, sont venues compléter les changements profonds qui ont marqué le christianisme au XVIe siècle. Cependant, ce sont les trois premières uniquement qui allaient faire émerger le protestantisme, qui dès son essence était donc assez disparate, tant idéologiquement qu'au niveau organisationnel. Ce qui a uni les uns et les autres a été de se retrouver autour de quelques principes clés : la « Bible seule » comme source d'autorité de la foi, le « Christ seul », la « grâce seule », la « foi seule », pour signifier que le salut est un cadeau de Dieu pour celui qui croit. S'ajoute à cela le principe du « sacerdoce universel » c'est-à-dire que tous les croyants participent au service de l'Eglise, le principe d'« une Eglise qui se réforme sans cesse » ou encore que « toute gloire revient à Dieu seul ».

Cependant, s'il est indéniable que les racines du protestantisme remontent à cette époque, et notamment à une formule : « nous protestons devant Dieu », que des princes ont prononcé devant Charles Quint à la diète de Spire en 1529, l'expression « protestantisme » n'émergera qu'au XVIIe siècle. Faut-il pour autant cantonner le protestantisme à une protestation ? Certes les protestants sont parfois décrits au travers de trois oppositions au catholicisme, qu'une formulation lapidaire résume en trois mots : un homme, une femme, une chose ; en l'occurrence, le pape, la vierge Marie et la messe. Mais en fait, comme le suggère l'étymologie ainsi que l'usage du mot à la diète de Spire, il ne s'agit pas seulement de protester dans le sens de s'opposer, de critiquer mais aussi de proposer, d'attester. *Testis*, qui signifie *témoignage* en latin suggère que pro-tester signifie « témoigner en faveur de ». Il s'agit donc d'attester de convictions.

C'est ce que les protestants d'aujourd'hui mettent en avant, notamment en fêtant les 500 ans de la Réforme. Ainsi, le grand rassemblement de Strasbourg, du 27 au 29 octobre, intitulé « Protestants en fête » a choisi pour thème « Vivre la fraternité ». Il s'agit d'une triple fraternité : entre protestants, mais aussi envers les autres chrétiens et croyants, et enfin envers tous, car croire a forcément des implications sociales. Dans la très belle parabole du bon samaritain, Jésus montre bien que le prochain, appelé à être aimé, est n'importe quel frère en humanité. Etre protestant aujourd'hui implique peut-être de contester certaines valeurs de notre société qui ne correspondent pas à l'idéal biblique, mais il s'agit aussi et surtout d'attester et d'être des exemples de fraternité pour le bien du plus grand nombre.

Vaincre le mal par le bien
2 novembre 2017

Une nouvelle tragédie terroriste a eu lieu à New York mardi 31 octobre. Au sud de Manhattan, dans le quartier de TriBeCa, une camionnette bélier a volontairement emprunté une piste cyclable à contresens, percutant de nombreux promeneurs sur le kilomètre de sa folle chevauchée. Le conducteur, un Ouzbek de 29 ans, lié à l'Etat islamique, a fini sa course dans un bus scolaire, avant d'être blessé et arrêté. Le bilan est de huit morts et onze blessés.

Que penser de ce énième attentat ? Au-delà de l'horreur d'un tel acte, qu'il s'agit d'affirmer clairement, l'événement et les réactions qu'il a suscité peuvent générer quelques réflexions que voici.

Tout d'abord, il existe un risque de banalisation du terrorisme. C'est vrai, une telle attaque, c'est du déjà-vu, et quand bien même cet attentat terroriste est le plus meurtrier aux Etats-Unis depuis le 11 septembre 2001, comme il y a eu pire à Nice, Londres ou Barcelone, un danger consiste à cesser de s'émouvoir, si ce n'est à demeurer indifférent. Certes, il importe que la vie continue, et tant mieux si les New-Yorkais ont maintenu la parade d'Halloween malgré les circonstances, mais en même temps, il est essentiel que nous continuions à nous offusquer de telles ignominies. Elles ne sont ni normales, ni légitimes et ne doivent pas le devenir. Aucune violence, notamment au nom de Dieu, ou d'un pseudo-dieu instrumentalisé, ne peut se justifier.

Une autre pensée m'est venue en constatant qu'à peine l'attentat avait-il eu lieu, Donald Trump tweetait pour polémiquer. Qu'il veuille réagir politiquement pour critiquer ses opposants ou envisager des mesures comme renforcer les critères d'immigration, pourquoi pas, mais dans une telle circonstance, n'est-ce pas la moindre des choses que de penser d'abord aux victimes ? Un minimum d'empathie s'impose. Plutôt que de réagir en se préoccupant de l'avenir du pays, ou comment attirer la lumière à soi, voir gérer sa propre peur, penser et comprendre la douleur de ceux qui ont perdu des proches est fondamental et prioritaire. Il y a un peu plus de cinq ans, Mohamed Merah faisait déjà huit victimes… Alors que le procès d'Abledkadher Merah s'achève pour évaluer son implication dans la radicalisation de son frère, la mère d'une des victimes a témoigné publiquement pour expliquer à quel point l'horreur et la douleur d'avoir perdu sa fille, Myrian, 8 ans, sous les balles du terroriste demeuraient vives malgré les cinq ans et sept mois qui ont passé. Face à ce nouvel attentat à New York, il me semble d'abord essentiel de pleurer avec ceux qui pleurent. Cela ne fera pas revenir leurs proches à la vie, mais dans de telles circonstances, la solidarité n'est ni inutile ni vaine.

Maintenant, il est intéressant de réaliser combien ces attentats peuvent facilement générer des sentiments qu'il s'agit pourtant de dompter, pour ne pas se laisser dominer par le mal... Je prends deux exemples. Certains, Donald Trump en tête, ont proposé la peine de mort pour de tels terroristes. On peut humainement comprendre une telle réaction, mais pour autant, répondre au mal par le mal n'est probablement pas la solution. Plus subtile et vicieuse est la pensée qui pourrait être caractérisée de manière un peu caricaturale par un « bien fait pour eux ». J'explique... Le président américain avait critiqué les Européens avec beaucoup de condescendance lorsque de telles attaques au camion bélier avaient eu lieu à Nice, Londres ou Barcelone, prétendant que c'était à cause du laxisme des autorités publiques et que cela ne pouvait pas arriver aux Etats-Unis. Du coup, le fait que la chose y ait finalement lieu donne presque envie de s'en réjouir, comme pour faire un pied de nez à l'arrogant président. Or ce sentiment, nourri par l'amertume d'une injuste supériorité, n'a pourtant pas lieu d'être. Comme la Bible l'affirme, cela correspondrait à « laisser le mal se coucher à la porte, et ses désirs se porter vers nous », alors qu'il s'agit de « dominer sur lui » (Genèse 4.7). Il ne faut pas se tromper de combat. Quand bien même un Donald Trump peut énerver par son verbe trop prompt et trop haut, et si l'on peut regretter qu'il mette parfois de l'huile sur le feu, ce n'est en l'occurrence pas contre lui qu'il s'agit de s'opposer. Dans la vie, il est facile de se laisser détourner des vrais sujets, des justes raisons de s'opposer (ou de s'enthousiasmer) pour des enjeux annexes qui ne sont pas forcément illégitimes mais qui pourtant peuvent nous détourner de l'essentiel. Au final, comme le dit l'apôtre Paul : « Ne te laisse jamais dominer par le mal. Au contraire, sois vainqueur du mal par le bien » (Romains 12.21).

« Femmes, je vous aime »,
un peu, beaucoup… mais pas trop !

9 novembre 2017

« J'aime les femmes » chantait Tino Rossi. « J'aime les filles » entonnait Jacques Dutronc. Quant à Julien Clerc, sa chanson « Femmes, je vous aime » est facilement et régulièrement fredonnée. La femme, ou les femmes, sujet(s) de l'intérêt, de l'attention, du désir, de l'amour des hommes… Parfois un peu trop, parfois pas assez !

L'actualité met en évidence ce paradoxe et surtout bien des incohérences et des dysfonctionnements en lien avec le statut de la femme ou la relation que certains entretiennent avec elle. Certes, il serait dangereux de généraliser et de considérer tous les hommes à la même enseigne, mais il faut bien reconnaître que certaines situations sont loin de demeurer anecdotiques. L'affaire Harvey Weinstein a ouvert une boite de pandore. Non seulement la liste des femmes qui accusent le producteur de cinéma américain de harcèlement, d'agressions sexuelles et, pour certaines, de viol, ne cesse de s'allonger, mais la caisse de résonnance médiatique qu'a pris cette affaire a libéré la parole. Nombreuses sont les femmes qui osent aujourd'hui témoigner de situations parfois simplement ambiguës : un regard, un mot, peut-être un geste qui dérange et qui dénote d'une attitude inadaptée… mais aussi des réalités plus graves, qui sont de l'ordre du harcèlement ou de l'agression. Il est temps de réveiller les consciences et que les comportements se modifient. Porter une trop grande attention envers les femmes quand c'est oppressant ou dégradant pour elles est évidemment condamnable. Par contre, dans d'autres cas, il ne leur est pas porté une attention suffisante. Mais finalement cela participe d'un même regard ou d'une même situation de supériorité.

Ainsi, quand on analyse l'égalité entre les hommes et les femmes au travers des équivalences salariales, il apparaît selon Eurostat que les femmes ont un salaire horaire, à poste égal, de 15,8 % inférieur à celui des hommes. Les chiffres de l'INSEE montent même à 18,6 % quand on compare les salaires mensuels équivalents plein temps. Il y a certes une diminution de cet écart salarial, mais il n'évolue que très lentement depuis les années 1990. La newsletter féministe *Les Glorieuses* a fait le calcul : c'est comme si les femmes travaillaient « gratuitement » depuis le vendredi 3 novembre, à 11h44. C'est pourquoi les femmes ont été invitées à cesser le travail (symboliquement) à ce moment-là.

On peut donc s'offusquer qu'une femme n'ait pas le même salaire qu'un homme à travail égal, qu'elle subisse en plus peut-être des attentions déplacées de ses patrons ou collègues ; qu'une femme craigne pour sa vie en faisant son jogging, ou encore qu'une femme ait peur de prendre le métro de crainte de se faire harceler, d'être touchée ou regardée de manière inadaptée. Au-delà de ces gestes et ces attitudes condamnables, c'est la manière même de concevoir les femmes qu'il importe de faire évoluer. C'est toute une histoire des liens entre les hommes et les femmes qu'il convient de revisiter et de réviser. Dans la Bible, il y a parfois des malentendus, qui ont pu être lourds de conséquence dans l'Histoire, il faut bien le reconnaître. Par exemple, le récit de la Genèse évoque la femme comme l'« aide » de l'homme. Dérangeant... sauf si l'on met en évidence que non seulement le texte mentionne qu'Eve est « une aide semblable à » Adam ; mais plus significatif encore, le mot « aide » est employé dans plus de la moitié de ses occurrences dans la Bible pour décrire Dieu qui est un soutien pour les humains. Au-delà de certaines apparences et de certains mésusages, la Bible prône une égalité entre les hommes et les femmes. Par ailleurs, si dans notre société la condamnation de l'adultère peut faire sourire, la manière dont Jésus en parle est significative. Dans le célèbre Sermon sur la montagne, il évoque le statut et la conception des lois, dont les célèbres « Tu ne tueras point » et « Tu ne commettras pas d'adultère ». Or chose intéressante, Jésus montre que l'application de cette loi n'est pas une fin en soi ; c'est-à-dire que l'on peut appliquer cela à la lettre et pourtant ne pas être dans l'esprit du commandement. C'est pourquoi il ajoute : « Mais moi je vous dis, quiconque regarde une femme avec convoitise a déjà, dans son cœur, commis l'adultère avec elle ». Jésus met là en évidence un élément essentiel, à savoir que notre comportement dépend de notre regard et de ce qui se passe dans notre cœur. Certes, il importe aujourd'hui de condamner plus clairement et plus durement tous ces comportements, qui objectivement sont une atteinte à la dignité et à la liberté des femmes. Halte à la violence et au harcèlement dont elles sont victimes. Mais l'enjeu est plus profond. Il s'agit de faire évoluer les mentalités pour que la conception même du statut de la femme, comme le regard porté sur les femmes, évoluent. Dire « femmes je vous aime », pourquoi pas, au contraire, mais toujours avec respect, dignité et un vrai sentiment d'égalité !

Féconder la terre

16 novembre 2017

Alors que la COP 23 se déroule à Bonn en Allemagne, bien plus discrètement que la COP 21 de Paris il y a deux ans, 15 000 scientifiques de 184 pays interpellent spécialistes, décideurs et grand public dans un « Avertissement à l'humanité » publié dans la revue scientifique *Bioscience*. Leur constat est alarmiste et il devient un « impératif moral » d'agir sans tarder contre le « péril » qui menace l'avenir de notre planète sur le plan écologique. Les signataires soulignent qu'un « phénomène d'extinction de masse » est en cours, qui pourrait déboucher sur la disparition de plusieurs formes de vie. Parmi les problématiques à considérer, ils mentionnent « notre consommation matérielle intense » et la croissance démographique mondiale « rapide et continue », ou encore l'échec à enrayer la pollution et à protéger les habitats naturels. « L'humanité omet de prendre les mesures urgentes indispensables pour préserver notre biosphère en danger » résume le texte, invitant dès lors à mêler les actions individuelles et une pression sur les pouvoirs politiques. Pour ces scientifiques, plusieurs éléments montrent que « nous sommes capables d'opérer des changements positifs quand nous agissons avec détermination ». Ainsi, la diminution rapide des substances néfastes pour la couche d'ozone, la lutte contre la famine et l'extrême pauvreté, ainsi que la baisse du taux de fécondité ou du rythme de la déforestation dans plusieurs zones, sont autant de signes que « nous avons beaucoup appris ». Mais ces avancées loin d'être suffisantes doivent induire de nouvelles mesures. Le texte liste ainsi plusieurs exemples de « mesures efficaces et diversifiées que l'humanité pourrait prendre ». Parmi elles, protéger ou « ré-ensauvager » des régions afin de préserver la diversité des habitats et des espèces et « rétablir des processus écologiques », réduire le gaspillage alimentaire, privilégier une alimentation d'origine végétale, consommer des énergies « vertes » en diminuant la part des combustibles fossiles, ou encore aborder la question de la taille de la population humaine. Leur conclusion est sans concession : « Il sera bientôt trop tard ».

Le Président français Emmanuel Macron, qui est intervenu lors du volet politique de la COP 23, a rebondi sur la déclaration des 15 000 scientifiques, relayant leur constat en affirmant que « le seuil de l'irréversible a été franchi ». Il s'est engagé pour le financement du GIEC et a aussi plaidé pour une évolution de la taxe carbone. Pour Emmanuel Macron, le dérèglement climatique « ajoute de l'injustice à l'injustice, de la pauvreté à la pauvreté »

C'est pourquoi cette lutte serait, selon lui, « le combat majeur de notre temps ». Une expression faisant écho au discours de l'oratrice précédente, la Chancelière allemande Angela Merkel, qui venait de dire qu'il s'agissait d'un « sujet déterminant pour le destin de l'humanité ».

Face à ce défi immense, les politiques, comme chaque citoyen, doivent faire preuve de responsabilité. Oui, la notion de responsabilité me semble clé pour tendre vers des objectifs ambitieux vitaux pour l'avenir. Le philosophe allemand Hans Jonas, dans son livre *Le principe responsabilité* l'a très bien montré. Il en appelle même à une nouvelle conception. Pour lui, l'ancien concept de la responsabilité consiste à répondre de ses faits et gestes, à en subir les conséquences et à réparer le tort causé à autrui. Cette responsabilité est donc mesurée en fonction de ce qui a été fait. Or être vraiment responsable consiste aussi dans la détermination de ce qui est à faire et implique donc d'être acteur de la perpétuation de l'humanité dans l'avenir. Alors que pour Hans Jonas l'homme est en passe de devenir le pire ennemi de l'homme, son impératif se formule ainsi : « Agis de telle sorte que les effets de ton action soient compatibles avec la permanence d'une vie authentiquement humaine sur terre » (p. 30-31). Pour Hans Jonas, le prototype de ce genre de responsabilité est la responsabilité parentale. Cette responsabilité, comparable à la relation naturelle qu'un parent entretient vis-à-vis de ses enfants, est dans son essence empreinte de sollicitude et d'attention affectueuse, et peut répondre ainsi aux besoins de protection, et ce sans limite temporelle. Ce type d'attitude pourrait permettre aux humains d'appréhender leur relation avec l'ensemble des vivants qui les entourent en se projetant sur leur à-venir. Or face aux défis d'aujourd'hui, une attitude responsable implique forcément une part d'autolimitation. C'est vrai de notre consommation, mais aussi du développement démographique. Dans le récit biblique de la Création, Adam et Ève sont bénis par Dieu, puis invités à « être féconds et prolifiques, à remplir la terre » (Genèse 1.28). Aujourd'hui, alors que la population galopante de la planète pose question, féconder la terre implique probablement de limiter les naissances (malgré les questions existentielles et éthiques que cela peut poser). La fécondité, qui est la responsabilité des humains, consiste sans doute moins à multiplier qu'à prendre soin de la Création existante et à préserver une vie possible, respectable et heureuse pour les générations à venir.

L'art de diriger

23 novembre 2017

Diriger est un art difficile. Présider est un défi continuel. Gouverner nécessite une sagesse subtile. Si le leadership au plus haut sommet d'un Etat est particulièrement délicat, c'est finalement toutes les situations de direction qui sont à la fois intéressantes, remplies de potentialité, mais aussi souvent ardues et nécessitant des équilibres complexes. Trois exemples de l'actualité en sont la démonstration.

Saad Hariri, le Premier ministre libanais, a étonné tout le monde en annonçant sa démission le 4 novembre alors qu'il était en Arabie Saoudite. L'homme d'affaires et homme d'Etat libano-saoudien, fils de l'ancien Premier ministre Rafiq Hariri assassiné en 2005, a en effet considéré qu'il n'avait plus la possibilité de mener à bien sa mission alors que l'influence iranienne sur son pays lui semblait trop grande. En fait, son gouvernement rassemble différents partis qu'il est difficile de faire cohabiter. En particulier, la relation avec le Hezbollah chiite lié à l'Iran est délicate alors que Saad Hariri, représentant du camp sunnite, est soutenu par les Saoudiens qui ont fait pression sur lui pour infléchir la politique libanaise dans leur sens. C'est devant cette équation impossible que Saad Hariri a dit vouloir jeter l'éponge. Mais remis en selle par le Président français, il est retourné à Beyrouth, a rencontré le Président Michel Aoun, longtemps son opposant et tenant de la ligne pro-iranienne, qui l'a pourtant maintenu à son poste. Saad Hariri, qui a été Premier ministre une première fois entre 2009 et 2011, et qui l'est redevenu en décembre 2016, a accepté de suspendre sa démission le temps de négociations qui vont s'avérer délicates. En effet, si la population semble réclamer son maintien pour éviter une période d'instabilité évidente en cas de vacance du pouvoir, trouvera-t-il les équilibres pour satisfaire à la fois les Saoudiens et les Iraniens, si influents en tant que grandes puissances à côté du petit Liban ; et réussira-t-il à faire collaborer la diversité des partis libanais ? Surtout, le voudra-t-il lui-même et trouvera-t-il un sens dans sa fonction ; considérera-t-il que sa mission lui permettra d'apporter une contribution utile ? En tout cas, il faut noter que contrairement à d'autres dirigeants, il ne semble pas s'attacher outre mesure au pouvoir.

Ce qui n'est pas le cas de Robert Mugabe. Le Président du Zimbabwe vient de mettre fin à 37 ans d'un règne sans partage, mené d'une main de fer. Son autorité s'est construite sur une conception et une pratique de gouvernement inflexible et violente, ce qui lui a permis de se maintenir au pouvoir jusqu'à 93 ans. Mais le plus vieux dirigeant de la planète a été forcé à la démission, suite à une lutte acharnée pour sa succession. Grace Mugabe, la femme du « vieux lion » a manigancé pour prendre la suite, évinçant le « crocodile » Emmerson Mnangagwa, le vice-président longtemps considéré comme le dauphin naturel. C'est l'armée, hostile à l'ascension de la première dame, qui est intervenue prenant le contrôle du pays et écartant de facto le couple Mugabe du pouvoir. Le peuple était en liesse lorsque finalement Robert Mugabe n'a pu que reconnaitre la fin de son règne et donner sa démission. Pour autant, l'avenir du Zimbabwe sera-t-il plus serein avec à sa tête un nouveau Président ? Rien n'est moins sûr tant Emmerson Mnangagwa, 75 ans, a en fait été le bras droit de son prédécesseur, parfois encore plus inflexible et violent que lui ; un homme dont l'extrême richesse s'est construite de manière douteuse.

Le Liban et le Zimbabwe, deux situations évidemment très différentes mais aussi deux conceptions ou deux manières de considérer le pouvoir. Aucune des deux n'est pourtant pleinement satisfaisante. Mais diriger sereinement est-il vraiment possible dans nos sociétés ? En Allemagne, où le leadership d'Angela Merkel a longtemps été exemplaire et apprécié du plus grand nombre, la situation devient délicate pour la chancelière qui n'a plus de majorité. Faute d'une entente dans la coalition envisagée, l'avenir est très incertain. Après douze années passées à diriger la première puissance européenne, la dirigeante allemande plaide pour la stabilité et semble s'accrocher à son poste. Mais non par la force, plutôt via la démocratie, et c'est pourquoi elle appelle à de nouvelles élections. Il n'empêche que le pouvoir peut être grisant et attachant...

En fait, toute la question est de savoir comment et pourquoi l'on dirige. Et cela ne s'applique pas seulement pour les plus hauts dirigeants des Etats, mais pour tous ceux qui, d'une manière ou d'une autre, sont appelés à assumer une fonction dirigeante. Et nous le sommes tous plus souvent qu'on ne le pense, que ce soit en contexte familial, associatif, professionnel... Le roi Salomon avait demandé la sagesse plutôt que la richesse. Il y a là une première clé du leadership. Moïse a été un grand leader grâce à sa capacité à déléguer. Deuxième facteur clé : celui de la collaboration, de l'intelligence et de l'action collective. Mais un élément peut-être encore plus fondamental a été incarné par Jésus, un leader étonnant et pourtant apprécié et reconnu, c'est la notion de service. Il a véritablement vécu ce qu'il a affirmé : « Quiconque veut être grand parmi vous, qu'il soit votre serviteur », ajoutant qu'il était venu pour « servir et non pour être servi » (Matthieu 20.27). Heureusement qu'il y en a qui osent relever le défi de diriger. C'est un art délicat ; il est facile de s'y fourvoyer, de s'accrocher trop longtemps, de renoncer trop vite, mais surtout, il s'agit de toujours le faire au service des autres !

Présomption de confiance

30 novembre 2017

Le 27 novembre, le gouvernement français a discuté d'un projet de loi pour un Etat « au service d'une société de confiance ». En fait, il s'agit d'instaurer un « droit à l'erreur », c'est-à-dire que dans les rapports que les Français ont avec l'administration, il est envisagé que si une déclaration n'est pas conforme, elle est a priori le fruit d'une erreur, et non d'entrée considérée comme frauduleuse. Voici comment le rapport du Conseil des ministres en rend compte : « Ce projet de loi est une nouvelle pierre mise à l'édifice d'un Etat acteur de la transformation de notre société, moteur de progrès pour tous nos concitoyens et au service d'une société de confiance. Il s'adresse à tous les usagers – particuliers comme entreprises – dans leurs relations quotidiennes avec les administrations. Il repose sur deux piliers : "Faire confiance", à travers l'instauration d'un droit à l'erreur pour chacun et une série de mesures concrètes qui visent à encourager la bienveillance dans les relations entre les Français et leurs administrations ; "Faire simple", par la mise en place des dispositions visant à réduire la complexité des parcours administratifs ». Nous attendons évidemment de voir comment cela sera mis en place, mais ce projet d'avoir un *a priori* de confiance et de bienveillance est assez nouveau et presque étonnant de la part de l'administration. L'intention d'en faire un modèle de société est audacieux mais pertinent. Il est vrai que nous sommes souvent suspicieux, d'une manière toute particulière avec l'administration, mais aussi d'une manière générale les uns envers les autres. Essayer de discerner les bonnes intentions, avoir un regard positif, oser faire confiance, voilà un beau projet de société qui commence probablement par des initiatives individuelles.

C'est ce qui s'est passé dans la belle histoire de confiance et de service altruiste qui vient de faire le buzz aux Etats-Unis. Un soir, Kate, une jeune femme américaine, tombe en panne d'essence sur la route 95 à Philadelphie. Alors qu'elle se met en quête d'une station essence, elle croise Johnny Bobbit, un SDF qui l'encourage à rester enfermée dans sa voiture pendant qu'il va s'occuper de la situation. Un moment plus tard, il revient avec un bidon d'essence payé avec les derniers 20 dollars qu'il avait en poche. Kate, qui ce soir-là n'avait pas de quoi lui rembourser, est revenue quelques jours plus tard pour lui rendre son argent, mais aussi lui apporter vêtements et nourriture. Elle s'est intéressée à lui, a été touchée par son parcours et a décidé de lancer une campagne de financement participatif. Son intention était de récolter 10 000 dollars pour permettre à Johnny de se relancer dans la vie. Aujourd'hui, ce témoignage a touché un grand nombre de personnes et la cagnotte dépasse les 300 000 dollars ! Comme quoi, l'attitude altruiste et bienveillante de Johnny, qui a donné de son essentiel, aura été sans qu'il le sache un sacré investissement. Mais bien sûr un investissement humain avant tout. Quant à Kate, ce n'était pas évident qu'elle fasse confiance à cet inconnu ce soir-là ; mais bien lui en a pris. Non seulement la situation du moment s'est débloquée positivement, mais elle a même enclenché ainsi tout un processus relationnel et matériel qui lui a permis de faire une belle différence dans la vie.

Dans la Bible, Jésus parle de la loi du Talion : « Œil pour œil, dent pour dent ». Celle-ci décrit assez bien la société de l'époque mais aussi celle d'aujourd'hui, une société de méfiance bien souvent, où l'on envisage la justice sous l'angle de ses droits d'abord, une société de la peur de se faire avoir, une société qui favorise la focalisation sur soi. Or Jésus critique cette justice formelle qui régule la vengeance plutôt que d'inspirer le pardon. Il invite à un dépassement de l'individualisme ambiant pour oser l'altruisme, l'amour du prochain, la dynamique de la confiance. Il va jusqu'à proposer d'« aimer ses ennemis » (Matthieu 5.44). Cela semble un idéal hors d'atteinte, mais en tous cas, c'est une invitation à changer de regard sur les autres. A oser l'a priori du bon, une sorte de présomption de confiance. L'apôtre Paul a repris à son compte cette vision et encourage ses lecteurs : « S'il est possible, autant que cela dépend de vous, soyez en paix avec tous les hommes. Ne vous vengez point vous-mêmes, bien-aimés. [...] Si ton ennemi a faim, donne-lui à manger ; s'il a soif, donne-lui à boire ; car en agissant ainsi, tu amasseras des charbons ardents sur sa tête. Ne te laisse pas vaincre par le mal, mais surmonte le mal par le bien » (Romains 12 18-21). Que ce soit avec l'administration, avec nos collègues, nos voisins, nos familles, ou même avec des inconnus dans la rue, oser l'altruisme est souvent gagnant. Sans être naïfs ni trop imprudents, poser un regard positif et manifester une présomption de confiance peut ouvrir des chemins inattendus. Il ne tient qu'à nous de faire le premier pas pour les emprunter.

Entrer en tentation

7 décembre 2017

Depuis le dimanche 3 décembre, une nouvelle traduction de la célèbre prière du *Notre Père* est en vigueur dans nombre d'Eglises. En effet, les catholiques ne diront plus : « Ne nous soumets pas à la tentation », mais : « Ne nous laisse pas entrer en tentation ». Les protestants leur ont d'ailleurs emboîté le pas. Pourquoi ce changement ? Dans la formulation aujourd'hui abandonnée, on pouvait avoir l'impression que Dieu lui-même soumet à la tentation, or ce n'est pas le cas. Même si chaque auteur biblique peut présenter des nuances dans sa compréhension, l'épître de Jacques affirme clairement : « Si quelqu'un est tenté, qu'il ne dise pas : "C'est Dieu qui me tente". Car Dieu ne peut pas être tenté de mal faire, et il ne tente lui-même personne » (Jacques 1.13). Et Jacques d'ajouter : « En réalité, tout être humain est tenté quand il se laisse entraîner et prendre au piège par ses propres désirs » (Jacques 1.14).

La formule qui vient d'être dépassée ne datait que de 1966. Précédemment, on disait : « Ne nous laissez pas succomber à la tentation ». La nouvelle formule va dans le même sens. En fait, ceux qui disent cette prière : « Ne nous laisse pas entrer en tentation », demandent à Dieu de les aider à tenir ferme face à la tentation, une tentation qui n'a pas son origine en Dieu, mais en Satan (dont l'autre nom est le tentateur) ou en soi, au travers de « ses propres désirs » comme l'exprime l'épître de Jacques.

Il est intéressant de noter que l'entrée en vigueur de cette nouvelle traduction liturgique correspond avec le premier dimanche de l'Avent. Cette période de quatre semaines qui précède Noël est censée être, pour les chrétiens, une période de préparation spirituelle en vue de la célébration de la naissance de Jésus. Dans la réalité, pour les enfants les calendriers de l'Avent ont pour intérêt principal les friandises qu'ils découvrent chaque jour, et pour tous, cette période est une véritable ode à la tentation au travers des publicités qui inondent tous les espaces possibles de communication. Une invitation à consommer, posséder, acheter, certes pour faire plaisir et offrir, mais une tentation bien réelle.

Mais « entrer en tentation » serait-il vraiment condamnable ? D'abord il faut bien distinguer la tentation du péché. Le fait d'être tenté n'est pas mauvais en soi. Même Jésus a été tenté. La question est de savoir si l'on succombe ou pas ? Jésus a su résister à la tentation. Ce que n'avaient pas su faire Adam et Eve dans le jardin d'Eden face à l'arbre de la connaissance du bien et du mal. Précisément, toute la question tourne autour de cet aspect du bien et du mal. Dans notre société, on a parfois l'impression que la frontière entre le bien et le mal n'existe plus vraiment. C'est pourquoi certains prônent de se laisser tenter par toutes les expériences. Ce n'est pas nouveau qu'il soit complexe de distinguer ce qu'il est juste de faire, mais aujourd'hui tout ou presque semble permis. Pourvu que cela *me* fasse plaisir. Pourtant, sans entrer dans une vision moralisatrice, il me parait essentiel d'avoir conscience qu'il y a des actes qui vont dans le sens du bien et d'autres dans le sens du mal, des paroles qui sont utiles et d'autres qui sont inutiles, des attitudes qui construisent et d'autres qui détruisent. Dès lors, manger un peu trop de chocolat ou faire un bon réveillon, ou encore offrir un beau cadeau à ceux que l'on aime, même s'il faut se laisser « tenter » pour cela, et bien, ce ne sera pas dramatique, au contraire. L'esprit de Noël est d'abord celui de la grâce et l'abondance en est une expression. Par contre, il serait dommage d'oublier qu'en même temps, cette grâce de Noël s'est révélée dans la simplicité et même le dénuement...

Mais pour en revenir à la tentation, peut-être justement que ce fragment de prière, qui est une demande à Dieu de nous aider à ne pas entrer en tentation, correspond à l'esprit de Noël : la venue inattendue d'un Jésus qui change tout. Se laisser surprendre par l'irruption de la divinité, c'est peut-être accueillir en son âme et conscience la distinction bénéfique entre le bien et le mal, et se laisser emporter dans une spirale positive, de ce qui est bon aux yeux de Dieu, mais aussi bon pour les autres et pour soi.

Penser le changement
ou changer le pansement
14 décembre 2017

Héraclite a un jour affirmé : « Rien n'est permanent, sauf le changement ». Il est vrai que nous vivons dans un monde qui change. S'il ne cesse de se transformer, certaines périodes sont marquées par des changements plus fondamentaux que d'autres. Il y a cinq siècles environ, l'invention de l'imprimerie a révolutionné le monde, le faisant entrer dans la modernité. A notre époque, l'essor de l'ère numérique est en train de révolutionner nos modes de vie, nos modes de relations et de communication, même nos modes de pensée. On parle de postmodernité pour décrire cette période qui se cherche. De manière paradoxale, le changement est indéniable et souvent recherché et apprécié, et en même temps il est dérangeant et combattu.

Le sommet de Paris sur le climat vient de nous en donner un exemple. Il y a deux ans exactement, la COP 21 engageait l'ensemble des Etats de la planète vers des mesures qui devaient permettre de limiter le réchauffement climatique à un niveau raisonnable pour envisager l'avenir plus ou moins sereinement. Le Président français a convoqué un sommet à Boulogne-Billancourt, co-organisé avec l'ONU, ce mardi 12 décembre 2017 pour faire le point et encourager les changements qui s'imposent. Certes, les acteurs économiques et financiers ont annoncé douze mesures pour le climat, pour certaines inédites et pour d'autres déjà engagées. Par ailleurs, la Banque mondiale a fait savoir qu'elle arrêtera de financer l'exploration et l'exploitation de pétrole et de gaz après 2019. Il n'empêche, force est de constater que le bilan est terne. La conclusion majeure de ce *One Planet Summit* sur le climat est bien résumée par Emmanuel Macron : « On est en train de perdre la bataille. On ne va pas assez vite et c'est ça le drame. On doit tous bouger, car on aura tous à rendre compte ». Changer des habitudes, changer de politique, prendre les décisions qui s'imposent et les appliquer, tout cela est souvent plus difficile qu'on ne le pense et les bonnes intentions ne suffisent pas. D'autres évocations de l'actualité mettent en évidence les détours et embûches qui jalonnent tout processus de changement. Par exemple, les Britanniques ont décidé de quitter l'Union Européenne ; c'est une chose de le vouloir et de le décider, une autre que de le faire et accepter de payer ce que cela implique. Le revers parlementaire que Theresa May vient de subir illustre bien les défis inhérents à toute transformation ou évolution. Autre exemple tout à fait différent ; il vient d'être révélé un contrôle antidopage positif de Chris Froome... Les cyclistes savent bien que le temps de l'impunité est révolu, mais l'appât de la victoire ou du gain rend difficile les changements qui iraient dans le sens de la sagesse, en l'occurrence, de l'honnêteté. Une dernière situation peut nourrir la réflexion sur le changement, celle du dossier de l'aéroport de l'agglomération nantaise. Un énième rapport d'experts vient d'être remis au gouvernement qui doit trancher avant fin janvier entre un nouvel aéroport à Notre Dame des landes, ou l'agrandissement de l'aéroport actuel de Nantes Atlantique. Alors que nombre de décisions, y compris de justice, mais aussi une consultation populaire, ont officialisé les choses, le passage à l'acte se fait attendre et la remise en question est constante. On peut le comprendre ; c'est parce qu'il n'y a pas d'accord sur le diagnostic, sur la nécessité d'un changement et ses modalités que finalement le changement, quel qu'il soit, n'intervient pas.

Toute la littérature et les réflexions sur la conduite du changement vont dans le même sens : le changement ne se décrète pas. Il se prépare. Il implique au préalable un diagnostic. De plus, le changement prend du temps. Pour tout changement collectif, cela nécessite des leaders mais aussi l'implication de tous les acteurs. Par ailleurs, tout changement implique une résistance. Les psychanalystes nous disent que « l'être humain est à la fois pour partie désireux et pour partie résistant face au changement, et ce de façon totalement involontaire et inconsciente ». En tous cas, que ce soit au niveau international, national, d'une communauté (associative, entrepreneuriale, ecclésiale...), d'une famille, ou au niveau individuel, le changement est pourtant vital. Les questions essentielles sont probablement de savoir quoi changer, quand et comment, mais surtout pourquoi. Dans la Bible, on trouve des réflexions autour d'une double réalité. Le changement n'est pas toujours facile ou possible. C'est le prophète Jérémie qui affirme : « Un léopard peut-il changer ses taches ? Et vous, pourriez-vous faire du bien, vous qui êtes exercés à faire du mal ? » (Jérémie 13.23). D'un autre côté, l'apôtre Paul invite à se laisser transformer pour aller dans ce sens du bien : « Ne vous conformez pas au siècle présent — dit-il — mais soyez transformés (littéralement *métamorphosés*) par le renouvellement de l'intelligence afin que vous discerniez la volonté de Dieu, ce qui est bon, agréable et parfait » (Romains 12.2). Il est vrai que tout changement commence probablement en soi, par une transformation intérieure, avant d'advenir dans nos actes, ou chez les autres. Au final, comme l'a dit Francis Blanche, « face au monde qui change, il vaut mieux penser le changement que changer le pansement ».

Bethléem, capitale de Noël

21 décembre 2017

Et si le mage Trump, qui cherche son étoile, se trompait de capitale ? Vous vous souvenez, d'après le récit biblique, il y a deux mille ans les mages cherchaient le lieu de naissance de l'enfant roi. L'évangile de Matthieu raconte : « Jésus étant né à Bethléem, voici que des mages venus d'Orient arrivèrent à Jérusalem et demandèrent : "Où est le roi des Juifs qui vient de naître ? Nous avons vu son étoile en Orient, et nous sommes venus nous prosterner devant lui" » (Matthieu 2.1-2). Ainsi les mages qui cherchaient le nouveau-né à Jérusalem allaient devoir se diriger ailleurs que dans la capitale pour découvrir Jésus dans l'humble village de Bethléem.

Un peu comme les mages qui erraient dans leur quête, Donald Trump a choisi précipitamment et unilatéralement de reconnaître Jérusalem comme capitale de l'Etat d'Israël le 6 décembre dernier. Pourquoi est-ce hâtif et problématique ? Il est vrai que le dossier traîne depuis trop longtemps. Cinquante ans en fait. En 1947 naissait l'Etat moderne d'Israël suite au partage du territoire de l'ancienne Palestine par l'ONU en trois entités : un Etat à majorité juive, un Etat arabe et Jérusalem, zone sous contrôle international. Mais un an plus tard la guerre de 1948 bouleverse ces plans et Jérusalem se retrouve scindée en deux ; une partie arabe à l'est sous contrôle jordanien, incluant la vieille ville ; et l'autre partie israélienne à l'ouest. Très vite Israël fait de Jérusalem ouest sa capitale et y installe son administration et la Knesset, le parlement israélien. C'est en 1967, lors de la guerre des six jours, qu'Israël annexe la partie arabe et s'empare de la totalité de Jérusalem, alors déclarée « capitale éternelle et indivisible d'Israël et du peuple juif ». Cependant, l'ONU n'a jamais reconnu Jérusalem comme capitale d'Israël du fait du non-respect du plan de partage initial, et la grande majorité des ambassades s'installent à Tel-Aviv, centre économique et financier. Depuis 1967, de nombreuses tentatives de conciliation ont eu lieu pour trouver une solution, mais sans succès. Même s'il est vrai que les positions sont tellement tranchées que l'on peut se demander si le processus de paix pourra aboutir à une solution pacifique et équilibrée pour Jérusalem, la décision de Trump de faire pencher la balance radicalement coupe court à toute solution diplomatique. Il n'est d'ailleurs pas suivi et le Conseil de sécurité de l'ONU réuni ce lundi 18 décembre a voté à quatorze voix sur quinze un texte demandant le retrait de la déclaration de Donald Trump sur la ville sainte, qui n'est pas passé du fait du véto américain. Le feuilleton va continuer et passer par divers votes, vétos, manœuvres, mais aussi sans nul doute des heurts et des violences de la part de ceux qui se sentent bafoués. Assurément, Jérusalem porte mal son nom actuellement alors que son étymologie signifie « ville de la paix » (*salaam* en arabe et *shalom* en hébreu).

Concernant la géopolitique du Moyen-Orient, il est indéniable que Jérusalem, avec le poids symbolique de son histoire, va demeurer un enjeu. Pourtant, j'ai envie d'emprunter un chemin qui sort du cadre dans le contexte actuel de Noël, celui précisément qui nous fait quitter la capitale logique et attendue pour accueillir la surprise de ce qui peut se passer dans un lieu inattendu. Si l'histoire de Jésus finit à Jérusalem, ce n'est pas là qu'elle a commencé, puisque c'est dans le petit village de Bethléem que Jésus a vu le jour, et même pas dans un lieu honorable de la bourgade éloignée d'une dizaine de kilomètres de Jérusalem, mais dans une simple étable puisqu'il n'y avait plus de place dans l'hôtellerie. Le premier berceau de Jésus a été une mangeoire ! Et si c'était cela le message de Noël, un message qui nous surprend et nous interpelle encore aujourd'hui. Les impulsions vitales de nos vies, les tournants de nos existences ou encore l'accueil du divin ne se font pas forcément avec trompettes et tambours, mais dans la simplicité et l'authenticité. Les idées, les schémas de vie, ou les plans de carrière écrits en capitales dans nos sociétés ne sont peut-être pas notre planche de salut, parce que l'essentiel est parfois loin des projecteurs. La capitale de Noël n'est pas Jérusalem mais Bethléem. Alors bien sûr en ces jours de célébration de Noël, faisons la fête, réveillonnons, mais réveillons-nous aussi, et osons consacrer quelques moments pour découvrir le plus beau des cadeaux de Noël, un Sauveur qui est désireux de naître là où on ne l'attend pas. Et si vous croyez que votre cœur, votre vie, votre personne ne sont pas plus reluisants qu'une étable, et bien tant mieux, car c'est là que Jésus a voulu naître.

Optiréalisme
28 décembre 2017

Au cours des derniers jours de l'année, nous avons souvent l'occasion de faire le bilan, de nous souvenir de tout ce que nous avons vécu, nos joies et nos peines, nos réussites et nos échecs, nos élans et nos limites. Alors que nous nous apprêtons à lever nos verres pour nous souhaiter une bonne année 2018, comment voyons-nous 2017 ? Le verre est-il à moitié plein ou à moitié vide ? La réponse peut dépendre d'au moins deux choses : la réalité des faits et notre manière de les regarder. Concernant la réalité des faits, nul doute que chacun fera un bilan en fonction des événements qui objectivement auront contribué (ou non) à une bonne année. Quant à notre manière de regarder les faits, cela dépend si l'on est optimiste ou pessimiste. Il est vrai qu'on parle bien plus des trains qui arrivent en retard que de ceux qui arrivent à l'heure. Du reste, les médias traditionnels (télévision, radio, journaux) comme les réseaux sociaux, vendent plus et font plus de buzz en mettant en exergue les catastrophes, conflits et autres problèmes en tous genres. Pourtant, pourquoi ne pas oser l'optiréalisme ?

Jacques Lecomte, dans son livre *Le monde va beaucoup mieux que vous ne le croyez !* défend « la nécessité d'un regard à la fois positif et lucide sur le monde » qu'il nomme « optiréalisme ». Cela « signifie que le vrai optimisme a besoin de réalisme pour ne pas tomber dans l'illusion, mais également que la forme la plus appropriée de réalisme consiste à être un optimiste actif ». Alors que les cris d'alarme ne cessent de se multiplier, le monde n'a jamais été aussi peu violent ; la liberté, la tolérance, l'éducation et la santé ont progressé sur la planète dans des proportions insoupçonnées. Jacques Lecomte nous invite donc à voir une humanité en progrès en s'appuyant sur de nombreux rapports internationaux et des statistiques incontestables. Pour ne citer que quelques exemples, on peut mentionner les mortalités maternelle et infantile divisées par deux depuis 1990, l'éradication planétaire de la variole, la reconstitution de la couche d'ozone, la redécouverte de plus de 350 espèces d'animaux considérées comme disparues, le nombre de pays ayant aboli la peine de mort multiplié par 13 depuis 1950, la chute de 65 % du nombre d'homicides en vingt ans…

Cet optiréalisme du psychologue Jacques Lecomte n'est pas isolé. Le philosophe Michel Serres a publié cette année un petit manifeste au titre ironique *C'était mieux avant*, montrant que « le Bien règne presque partout ». Quant à l'historien suédois Johan Norberg, dans son best-seller *Progress* traduit en français sous le titre *Non ce n'était pas mieux avant. 10 bonnes raisons d'avoir confiance en l'avenir*, il affirme que « nous devons nous rappeler l'étonnant progrès qui résulte de l'évolution spontanée, lente et régulière de millions de personnes qui ont gagné la liberté d'améliorer leur existence et qui, ce faisant, ont amélioré le monde. C'est une forme de progrès qu'aucun leader, institution ou gouvernement ne peut imposer d'en haut. C'est certainement la plus grande réussite de l'humanité. Si nous contemplions plus souvent l'évolution du monde, nous verrions chaque jour la preuve de nos capacités ». Johan Norberg conclut son introduction en prenant pour devise l'épitaphe de Sir Christopher Wren, l'architecte de la cathédrale Saint-Paul à Londres : « Si tu cherches un monument, regarde autour de toi ».

Et si au crépuscule de 2017 nous prenions le temps d'apprécier qui ont été les personnes qui ont compté autour de nous et qui sont pour nous des monuments ; mais aussi les faits marquants, les moments joyeux, les rencontres fructueuses, les messages encourageants, les événements réjouissants qui ont fait de 2017 une année peut-être meilleure que ce l'on pourrait penser au premier abord. Il ne s'agit pas de nier que 2017 a eu son lot d'éléments négatifs, mais ceux-ci peuvent même parfois nous aider à devenir plus forts ou plus sages. Comme divers auteurs bibliques nous y invitent, « Soyons toujours joyeux » (Philippiens 4.4), car « Un cœur joyeux est un bon remède » (Proverbes 17.22) ; « Qu'en toutes circonstances, nous puissions dire : "Voici, Dieu est ma délivrance, je serai plein de confiance, et je ne craindrai rien ; car l'Eternel est ma force et le sujet de mes louanges" » (Esaïe 12.1-2). « Que le Dieu de l'espérance vous remplisse de toute joie et de toute paix pour que vous abondiez en espérance » (Romains 15.13). Belle et bonne année 2018 !

Du temps pour ce(ux) qui compte(nt)

4 janvier 2018

L e début d'année est propice aux bonnes résolutions. Alors que « les fêtes » viennent de s'achever, il n'est pas inutile de penser aux priorités d'un quotidien qui va vite reprendre ses droits. Chacun peut évidemment faire le point sur les orientations à prendre et les objectifs à atteindre à l'occasion de l'émergence de l'année 2018. Rien ne nous y oblige, mais le temps passe vite, toujours plus vite qu'on ne le pense ou qu'on ne le voudrait. C'est pourquoi, permettez-moi une suggestion, celle de consacrer du temps pour ce(ux) qui compte(nt) au cours de l'année à venir. En effet, le temps n'est pas extensible, et s'« il y a un temps pour tout », comme le dit l'Ecclésiaste, il importe de privilégier ce qui nous semble le plus important.

Plusieurs études peuvent nous faire réfléchir ou nous stimuler dans notre potentiel choix de consacrer du temps aux personnes que nous valorisons ou aux activités qui nous semblent prioritaires. Dans une enquête réalisée auprès de 595 familles françaises, il apparaît que la majorité des foyers privilégient le temps passé en famille, ou en tous cas expriment une volonté de passer plus de temps en famille. Ainsi, pour 70 % des familles, l'épanouissement et l'équilibre personnels des enfants est la priorité des parents, qui consacrent en moyenne 6 heures par enfant par semaine entre les sorties en famille, les devoirs et les jeux. Ces familles « cocoon », comme l'étude les appelle, sont très majoritaires par rapport aux famille conso (17 %) ou aux famille connectées (13 %).

Ceci étant, une autre étude intéressante, internationale cette fois puisque réalisée dans onze pays occidentaux auprès de 120 000 parents, montre l'évolution du temps passé au quotidien par les parents avec leurs enfants. Or globalement, les parents passent aujourd'hui en moyenne deux fois plus de temps à s'occuper de leurs enfants qu'il y a 50 ans. Pour les mères, on est passé de 54 minutes par jour à 104 minutes aujourd'hui, et de 16 minutes à 59 minutes par jour pour les pères. La seule exception à cette tendance est la France, où le temps passé avec les enfants a légèrement diminué, passant de 100 à 80 minutes pour les mères diplômées et à 60 minutes pour les autres. Pour Judith Treas, la sociologue américaine qui a mené ces recherches, les chiffres français peuvent être compris notamment par le fait que les gardes d'enfants subventionnées par l'Etat sont plus importantes qu'ailleurs. Toujours est-il que de manière générale, les auteurs de l'étude pensent que l'augmentation du temps passé est en partie dû à un changement de philosophie éducative ; de nos jours, une implication plus intensive est fortement valorisée. Malgré cette tendance, de nombreux parents culpabilisent et expriment le désir de passer plus de temps avec leurs enfants. Cependant, comme le souligne la psychologue clinicienne Monique de Kermadec réagissant à cette enquête, plus que la quantité totale de temps passé avec ses enfants, c'est le temps de qualité passé avec eux qui importe le plus.

Si les relations familiales apparaissent comme essentielles dans notre gestion idéale du temps, une autre dimension peut être mentionnée : celle du bénévolat. Une étude a démontré que 13 millions de Français consacrent du temps à une association, soit environ 1 sur 4. Et si les retraités constituent la tranche d'âge majoritaire de ces bénévoles, ils n'ont pas le monopole, loin de là. Autres éléments significatifs de cette enquête de l'IFOP, les hommes sont plus nombreux que les femmes et les diplômés plus engagés. En tous cas, pour tous, le moteur de ce temps donné est d'« être utile à la société et agir pour les autres ».

Puisse 2018 nous donner la sagesse de bien utiliser notre temps. Oui, c'est une question de sagesse ; c'est en tous cas ce que la Bible suggère. Le psalmiste prie Dieu en disant : « Enseigne-nous à bien compter nos jours, afin que nous appliquions notre cœur à la sagesse » (Psaume 90.12) ; et l'apôtre Paul affirme : « Prenez donc garde de vous conduire avec circonspection, non comme des insensés, mais comme des sages ; rachetez le temps » (Ephésiens 5.15-16). Nul doute que « bien compter ses jours » et « racheter le temps » passe par le fait de donner du temps à ce qui est important, à commencer par ceux qui nous sont chers. N'attendons pas demain pour le faire, car comme le dit Lamartine, « le temps coule et nous passons ». Sans nier la beauté du passé et l'espérance de l'avenir, il faut surtout vivre l'aujourd'hui comme une grâce. C'est en substance ce que rapporte un proverbe chinois : « Hier est derrière, demain est un mystère, mais aujourd'hui est un cadeau, c'est pour cela qu'on l'appelle présent ». Alors ne gâchons pas ce cadeau de l'aujourd'hui et consacrons du temps pour ce(ux) qui compte(nt).

Impopulaire

11 janvier 2018

L e gouvernement français vient de décider de limiter la vitesse sur les routes secondaires à 80 km/h. La mesure fait débat et suscite des réactions très variées. Le premier ministre, Edouard Philippe, s'est pourtant dit « prêt à être impopulaire », ajoutant qu'il savait qu'il serait critiqué pour cette décision mais qu'il la prenait pour sauver des vies. En fait, cette mesure qu'Edouard Philippe a annoncée le mardi 9 janvier à l'issue d'un Conseil interministériel n'est pas une surprise puisqu'elle avait déjà été proposée par le Conseil national de la sécurité routière dès 2013, sans être alors suivie d'effet. Certes, en 2015, une expérimentation a été lancée et si celle-ci semble fructueuse, il est difficile d'y apporter trop de crédit car le recul manque, sans parler du fait que sur la route en question d'autres aménagements ont été faits et il est dès lors difficile d'imputer la diminution du nombre d'accidents et de blessés à la seule réduction de la vitesse. Il est vrai que le sujet est complexe. Si le nombre de morts sur la route a baissé drastiquement depuis 30 ans, c'est grâce à une succession de mesures souvent répressives : obligation de la ceinture de sécurité, limitation de la vitesse et déploiement de radars, règlementation concernant le taux d'alcoolémie, etc. ; mais aussi grâce à d'autres facteurs tels que l'amélioration des routes et de la signalisation, la solidité et la résistance des voitures, les aides technologiques à la conduite, etc. Il n'empêche que depuis trois ans, la mortalité sur les routes est en hausse et il s'imposait de réagir, quitte à être impopulaire. D'ailleurs, d'autres mesures annoncées, aussi logiques et responsables qu'elles puissent paraître, notamment concernant l'usage du téléphone en conduisant, ne sont pas populaires non plus. En fait en théorie nous sommes tous d'accord qu'il est dangereux de conduire en téléphonant ou en textant ; pourtant, nombreux sommes-nous à faire des petites entorses ici ou là. Or un accident sur dix aujourd'hui est lié à un usage indu du mobile en conduisant. Prendre des mesures, aussi difficiles soient-elles à faire passer dans l'opinion publique parce que donnant l'impression d'entraver notre liberté d'action et de conduite, me semble malgré tout légitime et même louable. C'est vrai, on peut regretter une approche répressive plus que préventive, mais il semble bien qu'il n'y ait que cela qui marche. S'il faut menacer et piocher dans le portefeuille pour changer les comportements et faire respecter les règles, il est probablement utile de le faire.

A l'heure où les populismes se développent, oser être impopulaire peut sembler trancher et me paraît une posture intéressante. En fait, souvent dans l'histoire, c'est alors que des leaders ont osé l'impopularité que les choses ont bougé, que des avancées ont pu avoir lieu. A notre époque aux sondages instantanés, aux verdicts des réseaux sociaux qui agissent comme des régulateurs d'opinion, il est bien courageux d'oser une éthique de responsabilité, c'est-à-dire de faire ce que l'on croit bon pour le bien commun même si cela ne fait pas plaisir ou n'est pas soutenu par le plus grand nombre. Cela tranche avec les nombreux dirigeants qui aujourd'hui gouvernent en fonction de l'opinion publique. Bon, il ne faut pas être dupe, Edouard Philippe n'échappe probablement pas complètement à cet air du temps, mais son courage me semble malgré tout intéressant.

Le vertige de la popularité ne guette pas seulement les dirigeants politiques. L'ivresse de la gloire et le besoin de reconnaissance et d'appréciation est une réalité qui nous concerne tous. Elle n'est d'ailleurs pas mauvaise en soi. Il ne s'agit pas de rejeter toute forme de reconnaissance et même de popularité, mais il importe de mener les choses à bien, non pas en fonction d'une potentielle appréciation, mais en conscience, avec la conviction que l'on fait ce que l'on croit devoir faire.

Au cours de son « ministère », Jésus a été confronté à cette tentation de la gloire. Il faisant tellement de bien autour de lui que certains « voulaient l'enlever pour le faire roi » comme le rapportent les évangiles (Jean 6.15). Mais, cette option n'avait pas de sens pour lui, car la reconnaissance n'était pas une fin en soi. Sans fuir ses responsabilités ni cesser d'agir pour le bien du plus grand nombre, il s'est détourné de la popularité et des plaisirs supposés du pouvoir pour mener humblement sa tâche, sans oublier de se ressourcer pour rester focalisé sur sa vocation. Aujourd'hui encore, la valeur de nos vies ne dépend pas du nombre d'amis que nous avons sur Facebook, du nombre de « J'aime » que suscite ce que nous mettons sur Internet, mais bien de l'adéquation entre ce que nous faisons et ce que nous sommes. Même si cela passe par une forme d'impopularité, l'essentiel est d'agir en conscience, en sachant pourquoi nous faisons les choses. Cette conduite-là n'a pas de prix, ni de limites… Alors bonne route !

Réfléchir avant d'agir… et de critiquer

18 janvier 2018

Il vaut toujours mieux réfléchir avant d'agir ou de parler… En effet, nos pulsions, nos colères ou nos réflexes, qu'ils s'expriment en paroles ou en actes, ont rarement des résultats très heureux. Pourtant, si cela peut avoir des conséquences non négligeables, pour soi ou pour autrui, est-il judicieux d'enfermer les gens dans ces attitudes regrettables ou au contraire est-il légitime de manifester de l'indulgence ? Plusieurs événements de l'actualité nous interpellent en ce sens.

Dimanche soir 14 janvier, vers la fin du match de football entre Nantes et Paris Saint-Germain, un joueur nantais a involontairement fait tomber l'arbitre Tony Chapron. Ce dernier a immédiatement réagi par un mauvais geste en esquissant clairement un croc en jambe ayant pour intention de faucher le joueur fautif, sans finalement atteindre son but. La scène a fait le tour des télévisions et des réseaux sociaux et la planète football bien élargie est tombée sur le pauvre arbitre qui a finalement reconnu qu'il avait eu un mauvais réflexe. Certes, la scène est étonnante et pour le moins incongrue, et sans aucun doute, on ne peut que regretter l'attitude de cet arbitre pourtant expérimenté. Ce geste est déplorable et condamnable. Il contribuera à décrédibiliser un peu plus les arbitres qui ont déjà bien du mal à se faire respecter sur les terrains de sport où des attitudes et des gestes malencontreux sont le quotidien de très nombreux matchs. Pour autant, fallait-il livrer au pilori médiatique Tony Chapron ? Les arbitres seraient-ils les seuls à ne pas avoir le droit de craquer ? Les joueurs, entraineurs, directeurs de club ou spectateurs qui ont vertement critiqué Tony Chapron, sont-ils vraiment exempts de reproches et de mauvais réflexes ? Sur la base du célèbre adage de Jésus : « Que celui qui n'a jamais fauté jette la première pierre », qui peut franchement se permettre d'enfermer Tony Chapron dans une condamnation sans complaisance ?

Plus grave sans doute, mais aussi plus attachante, a été l'attitude du père de Tizio, le nourrisson âgé de deux mois enlevé le 5 janvier alors qu'il était hospitalisé à Toulouse, déclenchant une alerte enlèvement. Cet acte irréfléchi est bien sûr condamnable et aurait pu porter à conséquence, mais la confession du père tend à relativiser la mauvaise intention. Il a en effet affirmé, en parlant de son enfant : « Je me suis dit qu'il serait bien mieux auprès de moi qu'à l'hôpital. J'avais faussement cette impression que l'hôpital n'était pas le meilleur endroit pour lui. C'était un pur geste d'amour ». Amour maladroit, mais amour tout de même. Même sa femme a pris sa défense. Sans justifier aucunement ce geste inacceptable, on serait enclin à l'indulgence en l'écoutant.

Dans un autre registre, Donald Trump a une nouvelle fois parlé trop vite et sans mesurer l'impact de ce qu'il disait. Si en soi, considérer d'autres pays avec un qualificatif que je n'oserai même pas répéter est irrespectueux, c'est d'autant plus grave pour un chef d'Etat tel que le président des Etats-Unis. Je ne vais pas le cacher, je trouve le personnage déplaisant, vulgaire et loin d'être à la hauteur de la tâche. Pour autant, le qualifier de président de ..., en reprenant le funeste qualificatif, c'est finalement faire comme lui.

Dernier exemple, Catherine Deneuve est dans la tourmente et prise en grippe par toute une frange féministe pour avoir co-signé une tribune dans le journal *Le Monde* du 9 janvier dans laquelle des femmes défendaient le droit d'importuner, affirmant : « Nous ne nous reconnaissons pas dans ce féminisme qui, au-delà de la dénonciation des abus de pouvoir, prend le visage d'une haine des hommes et de la sexualité ». Le débat est possible et sûrement plus complexe qu'il n'y parait, et même s'il me semble prioritaire de ne jamais minimiser les violences faites aux femmes, c'est probablement en faire une – de violence – que de caricaturer ou de faire de Catherine Deneuve une telle cible.

Dans notre société où les médias offrent une caisse de résonnance amplificatrice exponentielle à n'importe quel événement, il est plus urgent que jamais de réfléchir avant de parler ou d'agir. Un proverbe biblique affirme du reste que « celui qui réfléchit sur les choses trouve le bonheur » (Proverbes 16.20). Néanmoins, il me paraît également essentiel de garder de la mesure dans les réactions que l'on peut avoir face à des actes ou des paroles répréhensibles car une société apaisée passe par le respect de tous, le pardon et la bienveillance. Ce qui est à condamner doit l'être, mais l'humiliation n'est certainement pas une manière de sortir par le haut. L'idéal d'« aimer son prochain comme soi-même », c'est avoir conscience qu'aucun d'entre nous n'est à l'abri de se tromper ou de blesser, ou d'être mal compris ; or l'attitude que l'on aimerait trouver dans ce cas-là serait probablement celle qu'il conviendrait d'avoir : être authentique mais aussi sympathique !

De la confrontation à la conciliation

25 janvier 2018

La Corée du nord et la Corée du sud sont toujours officiellement en guerre. Certes cette guerre est plutôt froide, surtout remplie de menaces et de déclarations virulentes mais elle n'en est pas moins réelle. Si les lancements de missiles nord-coréens potentiellement nucléaires sont pour l'instant plus symboliques que dangereux, la menace est inquiétante. C'est dans ce contexte de conflit et de tension que vont bientôt s'ouvrir les Jeux Olympiques d'hiver de Pyeongchang, à 80 km de la frontière entre les deux Corées. Or, de manière assez étonnante et réjouissante, la trêve olympique va permettre des signes de rapprochement. En effet, les deux Corées se sont entendues pour que les athlètes des deux entités défilent ensemble. Ainsi, 22 sportifs de Corée du nord se joindront aux athlètes de Corée du sud pour ne former qu'une seule délégation lors du défilé d'ouverture. Mais plus significatif encore que ce défilé symbolique, les deux Corées se sont accordées pour faire équipe commune dans le tournoi féminin de hockey sur glace. Ainsi, 14 joueuses nord-coréennes se joindront à l'équipe. Nul doute que jouer ensemble, devant tous les Coréens et aux yeux du monde entier, est un symbole mais aussi un acte significatif. Certes, ce n'est qu'un pas sur un chemin qui risque d'être très long et le risque existe que ce ne soit qu'une parenthèse. En effet, les deux Corées ont déjà défilé ensemble lors des Jeux Olympiques en 2000 à Sydney, en 2004 à Athènes et en 2006 à Turin, sans que cela n'ait changé fondamentalement la donne. Toujours est-il que l'on ne peut que se réjouir quand un esprit de conciliation prend le pas sur un esprit de confrontation. Il est si difficile, lorsqu'un conflit émerge, d'oser faire le premier pas et d'accepter certains compromis. Que ce soit entre nations, entre groupes ou entre individus, souvent les positions restent figées, chacun défend son bon droit sans envisager de concession. Or dans toute situation d'opposition, il est nécessaire que les différentes parties fassent preuve d'une volonté conciliatrice pour pouvoir trouver une solution. La loi du plus fort et de l'écrasement est rarement fructueuse.

Dans cette dynamique, après la décision d'abandonner le projet de construction d'un aéroport à Notre-Dame-des-Landes, on peut se réjouir du choix du gouvernement français de ne pas déloger les zadistes *illico presto* et par la force. Certes, ces zadistes sont à bien des égards hors la loi et il y aurait une certaine légitimité à les expulser. Certains pourraient même penser que maintenant qu'ils ont eu gain de cause, il serait utile qu'ils soient remis à leur place pour ne pas ouvrir la boîte de Pandore et faire penser que leur mode d'opération, par le blocage et la violence, peut donner des résultats. Pourtant, je ne considère pas comme un acte de faiblesse ce désir de médiation affiché par le gouvernement. Certes, pour trouver des solutions pacifiques et conciliatrices, il importe que les deux parties soient dans une dynamique constructive. Nous verrons bien les réelles motivations des uns et des autres. Espérons qu'un véritable dialogue mais aussi des actes concrets permettront de débloquer la situation. Ce travail de concertation devrait se nouer en particulier avec la partie des zadistes qui occupent illégalement des terres agricoles, qui les cultivent parfois depuis plusieurs années et qui veulent se mettre en conformité avec la loi. Il leur faudra notamment montrer leur bonne foi en se mettant à régler leurs factures d'eau, de gaz ou d'électricité, mais aussi en acceptant de s'acquitter d'un droit de fermage. Avec un peu de bonne volonté d'un côté, un peu de tolérance de l'autre, on peut espérer une solution satisfaisante pour tous. Seule cette dynamique du dialogue pourra ouvrir la voie à la conciliation.

On utilise le verbe « s'entendre » pour évoquer le fait de trouver un accord. Ce n'est pas anodin. Toute conciliation passe par l'écoute mutuelle. Pour s'entendre, c'est un passage obligé que de s'écouter. Or écouter implique de vraiment considérer autrui pour ce qu'il est, ce qu'il pense, et ne pas être seulement centré sur soi, sur ses propres certitudes. C'est un chemin long et difficile que celui de la conciliation. Il faut même souvent être persévérant. D'ailleurs, il est possible d'imaginer que le mot « réconciliation » a été inventé précisément pour signifier qu'il faut souvent s'y prendre à plusieurs fois pour faire émerger la conciliation. La Bible prône cette perspective de la réconciliation. L'écoute et l'accueil mutuels dans le respect de la diversité des opinions y sont présentés comme essentiels pour l'unité (Romains 14). La relation de Dieu vis-à-vis des humains est évoquée comme se plaçant dans cette dynamique constructive. Du reste, si Dieu « nous a réconciliés avec lui par Christ », cela débouche sur le fait qu'il « nous a donné le ministère de la réconciliation » (2 Corinthiens 5.18). Puisse ce mandat et cet état d'esprit, qui décrivent bien aussi celui de l'olympisme quand ils constituent un tremplin pour faire s'entendre les gens, nous encourager dans toutes nos relations, à mettre en mode mineur nos confrontations pour favoriser la conciliation, pour l'épanouissement de tous.

La prison, une réforme qui en vaut la peine

1er février 2018

Les prisons françaises viennent de vivre un épisode inédit puisque pendant douze jours nombre d'établissements pénitentiaires étaient paralysés par la grève des surveillants, alors même que ceux-ci n'ont normalement pas le droit de grève étant donné la sensibilité de leur fonction. S'ils en sont arrivés là, c'est que pour une majorité des 28 000 surveillants de prison la situation est intenable, stressante, et dangereuse. Vendredi 26 janvier, un accord a finalement été trouvé entre la Ministre de la justice, Nicole Belloubet, et le syndicat majoritaire des surveillants pénitentiaires, l'UFAP-UNSA-Justice. Dans un communiqué, le syndicat affirme avoir pris cette décision après avoir consulté la base et affirme : « Ce relevé de conclusions traduit une volonté de changer le fonctionnement des prisons devenues de véritables coupe-gorge et zones de non-droit ». L'accord comprend plusieurs mesures dont une meilleure gestion des détenus radicalisés, une amélioration de la sécurité des surveillants par le renouvellement du matériel et le renforcement des fouilles, le recrutement de 1 100 personnes supplémentaires et des indemnités augmentées. Ces mesures suffiront-elles à améliorer la situation catastrophique des prisons françaises ? L'avenir le dira, mais le défi est grand, car c'est un mal chronique. Les prisons françaises étouffent. Au 1er janvier, 68 974 personnes étaient détenues dans les établissements pénitentiaires français, pour 59 765 places opérationnelles. La surpopulation se concentre dans les maisons d'arrêt qui accueillent les personnes en attente de jugement et celles condamnées à des courtes peines de prison. « Dans ces établissements, qui abritent plus des deux tiers de la population carcérale, le taux d'occupation moyen est de 140 %, contraignant deux à trois personnes – parfois plus – à partager une même cellule et 1 500 personnes à dormir chaque nuit sur des matelas posés à même le sol » notait encore récemment la section française de l'Observatoire international des prisons.

Bien sûr, il est plus qu'utile d'améliorer la situation des prisons françaises. Mais au-delà des questions de surpopulation et d'insalubrité qui n'aident évidemment pas, on peut s'interroger plus largement sur la politique pénitentiaire et la philosophie de l'enfermement. On peut considérer que la prison possède une triple tâche : la sanction de ceux qui ne respectent pas la loi, la protection d'éventuelles nouvelles victimes et la réinsertion des condamnés afin qu'ils ne récidivent pas. Or aujourd'hui, avec près de quatre condamnés sur dix qui récidivent, la prison est d'une certaine manière une école du crime ! Il y a quelques années, la Conférence

"

de consensus sur la récidive a fait des propositions allant dans le sens d'une limitation de l'incarcération. Etait évoquée notamment la création d'une nouvelle peine, « la peine de probation », exécutée hors de prison, orientée vers la réinsertion de la personne condamnée et prononcée par les tribunaux sans référence à la prison, à la différence de l'actuel sursis avec mise à l'épreuve. Il était aussi question de rendre certains délits passibles d'une contravention en lieu et place de la prison, ou encore de donner plus de liberté aux magistrats en fonction du parcours et de la personnalité du justiciable et donc d'en finir avec l'automatisme dans l'application des peines. Tout cela va dans le sens d'une individualisation de la sanction.

Le sujet est complexe et les choix délicats car ils peuvent avoir des conséquences graves. Il est plus facile de sécuriser les choses et de se protéger en enfermant les criminels que d'oser trouver des solutions plus humaines mais risquées. Pourtant, cela en vaut sans doute la peine (et sans jeu de mots). Dans la Bible, la prison apparaît comme une invention humaine au sein de peuples qui n'étaient pas croyants dans le Dieu unique, puisqu'on trouve la première mention d'un emprisonnement à Sodome pour Lot, ou en Egypte pour Joseph. La prison ne faisait pas partie du plan de Dieu, même après l'irruption du péché et donc le développement du mal. Dieu a plutôt instauré des villes refuges pour offrir un droit d'asile à tous et ainsi éviter certaines vengeances trop violentes. Il est vrai aussi que dans l'Ancien Testament, et à l'initiative de Dieu lui-même parfois, la conséquence de certains actes mauvais impliquait une solution plus radicale, la mort. Il faut bien sûr remettre cela dans son contexte et il ne s'agit en aucun cas de considérer la peine de mort comme une alternative crédible et souhaitable aujourd'hui. Toujours est-il qu'aux yeux de Dieu, si la prison ne semble pas avoir une place importante, c'est qu'il ne peut se résoudre à un regard qui enferme les humains dans le mal qu'ils ont fait, mais qu'il espère plus que tout une forme de rédemption et de transformation. En tous cas, les prisonniers ont vocation à être traités humainement et visités. Ce qui n'empêche pas évidemment d'améliorer les conditions de travail des surveillants, au contraire. Tout cela peut évidemment nous inspirer aujourd'hui, et sans nier que la prison soit un passage obligé pour certains, elle ne l'est pour tous, et surtout, c'est la manière de vivre son séjour en prison et donc l'impact que la prison peut avoir sur les détenus qu'il faudrait revisiter et chercher à changer. Quand Jésus affirme qu'il ne faut pas répondre au mal par le mal, cela passe aussi par la manière dont nous considérons et traitons les prisonniers.

Mauvais procès

8 février 2018

L'épisode neigeux qui a touché une bonne partie de la France et notamment la région parisienne a eu des conséquences bien pénibles pour de nombreuses personnes. On peut comprendre la frustration des uns et l'embarras des autres. Passer une nuit dans sa voiture, dans un centre commercial ou un gymnase n'est pas l'expérience la plus heureuse qui soit et il semble légitime de s'interroger comment ceci aurait pu être évité. Cependant, je trouve plus que discutable le mauvais procès qui est fait aux dirigeants pour n'avoir pas anticipé, prévenu et bien géré la situation. Météo France avait bien fait connaître l'alerte orange et les autorités ont interdit la circulation aux camions dès l'arrivée de la neige. Une neige qui n'était pas tombée sur l'Ile-de-France en aussi grande quantité depuis près de 30 ans. Certes, il y a probablement des choses à améliorer, mais la critique est facile et opportuniste. Laurent Wauquiez fait mousser les choses et tombe à bras raccourci sur le gouvernement mais l'aubaine politicienne est aussi évidente que le nez au milieu de la figure. Je me demande bien qui aurait râlé en premier s'il y a quelques semaines nos gouvernants avaient consacré d'importants budgets pour investir dans des saleuses et des chasse-neige en région parisienne, ou imposé à tous les conducteurs de rouler en pneus hiver de novembre à avril. Sans fuir ses responsabilités, il faut savoir reconnaître qu'il y a parfois des événements exceptionnels qu'on ne peut pleinement maîtriser et dont il faut assumer les conséquences. Il ne faut ni se tromper de cible ni en inventer de fausses.

En parlant de mauvais procès et de cible erronée, la réflexion peut se prolonger en lien avec le procès de Salah Abdeslam. Il semble évident qu'il est impliqué et porte une responsabilité importante dans les attentats du 13 novembre 2015 à Paris. Pourtant, il est jugé ces jours-ci à Bruxelles pour d'autres faits, en l'occurrence une fusillade survenue peu avant son arrestation en Belgique, en 2016, au cours de laquelle il a blessé deux policiers. En fait, les victimes des attentats du 13 novembre et leurs familles regardent attentivement les choses et ont de fortes attentes d'un tel procès. Sauf qu'elles ne pourront qu'être déçues. D'abord, parce que ce n'est que pour des faits, certes graves, mais mineurs en comparaison de ce qui s'est passé au Bataclan, au Stade de France ou sur les terrasses parisiennes. Ils n'auront donc pas de réponses à leurs interrogations et ce sera forcément frustrant, quand bien même une condamnation sera assurément prononcée. D'ailleurs, peut-être pas forcément objective du fait justement du contexte que tout le monde a en tête. La frustration sera d'autant plus grande que

Salah Abdeslam a choisi de garder le silence. Ou plus exactement, il s'est tu après avoir fait une profession de foi musulmane, pour le coup assez hors de propos : « Je témoigne qu'il n'y a pas de divinité à part Allah et que Mohamed est son serviteur et son messager. Mon silence ne fait pas de moi un coupable ou un criminel. Maintenant, jugez-moi, faites ce que vous voulez de moi. C'est en mon seigneur que je place ma confiance. Je n'ai pas peur de vous, je n'ai pas peur de vos alliés, de vos associés, je place ma confiance en Allah et c'est tout ». Il n'a même pas comparu lors de la fin de son procès. Une forme de lâcheté qui correspond à son attitude du 13 novembre où contrairement aux autres tueurs, il n'est pas allé jusqu'au bout de la démarche terroriste. A un moment donné, on aurait pu penser à un éclair de conscience et de lucidité. C'est probablement plus un manque de courage. Alors voilà, ce procès de Bruxelles est d'une certaine manière un mauvais procès parce que les faits sont annexes, parce qu'Abdeslam a refusé de parler, et enfin aussi parce qu'au final, c'est au moins autant, si ce n'est plus, les autres terroristes qu'il s'agirait de condamner. Ce que l'on ne peut pas faire puisqu'ils sont morts.

Que ce soit dans des situations plutôt anodines, quotidiennes ou mineures comme les conséquences d'une chute de neige ou que ce soit par rapport à des faits majeurs, comme les attentats du 13 novembre 2015, le risque existe de se focaliser sur les mauvaises personnes ou les mauvais procès. Il est vrai qu'il peut être important, pour se reconstruire ou pour faire le deuil, de pouvoir focaliser son accusation sur certains, mais attention à ne pas se tromper de cible. De plus, je pense que c'est rarement en souhaitant le mal d'autrui qu'une rédemption pour soi peut advenir. Personne ne doit fuir ses responsabilités et il est légitime de faire porter le chapeau aux personnes coupables ou responsables, c'est le b.a.-ba de la justice, mais par la force des choses, la justice humaine a ses limites. Au final, Abdeslam dit s'en remettre à son Dieu ; mais son orgueil ne lui fait-il pas confondre les choses et se prendre pour son propre Dieu ? Comme le dit une parole de sagesse : « Toutes les voies de l'homme sont droites à ses yeux ; mais celui qui pèse les cœurs, c'est l'Eternel » (Proverbes 21.2).

L'amour en héritage

15 février

L'héritage de Johnny Halliday est immense. Et nous avons tous un peu l'impression d'en être les bénéficiaires. Toutes ces chansons que l'on fredonne si aisément ou que l'on entend si couramment sont comme un cadeau dont nous avons tous un peu hérité. C'est vrai, ce qui reste après la mort de quelqu'un est souvent immatériel : des souvenirs liés à une chanson pour un chanteur comme Johnny ; un livre qui nous a marqué pour un auteur comme Jean d'Ormesson ou d'autres ; des moments de vie heureux, une phrase, une philosophie de vie, une manière d'être... pour nos proches ou ceux qui nous entourent. Ce que nous laissons ou laisserons derrière nous peut nous faire réfléchir sur ce que nous vivons aujourd'hui ; non que nous devions être focalisés sur l'empreinte que nous laisserons, mais c'est justement en vivant pleinement l'aujourd'hui que cela impactera ce qui perdurera peut-être de nous au-delà de notre vie terrestre.

Parmi les vies brisées trop tôt, il y a celle du skieur David Poisson, surnommé Kaillou, victime d'un accident de ski lors d'une descente d'entraînement en novembre dernier au Canada. Contrairement à ses camarades qui concourent ces jours-ci aux Jeux Olympiques de PyeongChang, lui n'aura pas pu vivre ce rêve. Mais sa maman lui rend un bel hommage dans une magnifique lettre où elle témoigne de la trace que son fils a laissée et invite ses amis à vivre pleinement les choses. Elle affirme notamment : « Cet amour, cette force, ce sourire qu'il diffusait continuent à nous porter, nous guider aujourd'hui ». Puis elle conclut : « Mon plus grand souhait, aujourd'hui, c'est que là-bas, en Corée, les frangins de David collectionnent les médailles dans toutes les disciplines. Et vous, les gros [surnom des descendeurs], vous qui vous élancerez dans quelques heures pour la descente olympique, sachez que pour moi, vous avez déjà remporté la plus belle des médailles, celle du courage et de l'amour, en reprenant le départ d'une course peu de temps après que votre Kaillou vous a quittés. Elle est d'or comme mon amour pour vous. Merci à vous. Merci à tous. »

Le plus bel héritage que la famille ou les proches peuvent ensuite faire fructifier, c'est l'amour. En sera-t-il de même pour Johnny Halliday ? Probablement à certains égards, mais comme souvent, la vie est complexe. En effet, dans son testament, Johnny a choisi de tout léguer à sa dernière femme, Laeticia, ou à défaut aux deux filles qu'ils ont adoptées, Jade et Joy. Pour ses enfants biologiques de précédentes unions, David Halliday avec Sylvie Vartan et Laura Smet avec Nathalie Baye, rien. Certes il y a un enjeu financier, car même si Johnny semble avoir beaucoup dilapidé de son vivant, son patrimoine est évalué à 100 millions d'euros. Pourtant, je pense que si Laura Smet a réagi à ce testament, ce n'est pas tant pour les biens que pour la reconnaissance et les marques d'amour. Dans la lettre qu'elle a écrite à son défunt père, puis dans le communiqué que ses avocats ont fait paraître, on peut distinguer ce regret. Après avoir affirmé que « les dispositions prises en vertu de la loi californienne contreviennent aux exigences du droit français », il est surtout exprimé que « son père ne lui aurait rien laissé : ni bien matériel, ni prérogative sur son œuvre artistique, ni souvenir — pas une guitare, pas une moto, et pas même la pochette signée de la chanson *Laura* qui lui est dédiée », poursuit le communiqué. Dans sa lettre, Laura Smet dit donc vouloir se battre et conclut : « Je suis si fière d'être ta fille. Je t'aime Papa. » On a l'impression que cet amour qu'elle a pour son père, les dispositions testamentaires que Johnny a prises ne contribuent pas à exprimer un amour en retour. Dommage ! Finalement, il ne suffit pas de laisser en héritage seulement des chansons d'amour, mais surtout des marques d'amour, pendant sa vie, et même après.

La Bible évoque un héritage dont nous sommes tous potentiellement bénéficiaires. Il est le fruit du plus beau des amours, celui de Dieu qui, par le don de son propre Fils, offre la vie éternelle (Tite 3.7 ; 1 Pierre 1.3-4 ; Apocalypse 21.6-7). Si cet héritage est en soi une marque d'amour, il nous invite aussi à notre tour à penser à ce que nous laisserons derrière nous. Et clairement, si nos enfants et nos proches seront peut-être heureux de toucher quelques biens, nul doute que le souvenir des marques d'amour que nous aurons eu l'occasion d'offrir de notre vivant aura encore plus de valeur. Comme l'a écrit Ronald Ross : « C'est parfois l'homme le plus pauvre qui laisse à ses enfants l'héritage le plus riche ».

Les Jeux Olympiques,
parabole de la vraie vie…

22 février 2018

Les Jeux Olympiques arrivent à leur terme et bientôt chacun fera le bilan. Au fil des compétitions, des commentaires, des réactions des uns et des autres, je me dis que cette quinzaine olympique constitue un miroir de notre société. Dans ce monde, nous sommes finalement toujours invités à vivre ou à voir les choses entre deux pôles : la joie et la peine, la réussite et l'échec, le solidaire ou le solitaire, ce que l'on peut maîtriser et les circonstances sur lesquelles nous n'avons pas de prise, la fraîcheur de la jeunesse et l'expérience des plus âgés…

Ces Jeux Olympiques nous parlent donc évidemment de la réussite et de l'échec. Certes, par définition il n'y a qu'un vainqueur dans chaque compétition, et on peut élargir la réussite à une présence sur le podium. Gagner une médaille semble assurément quelque chose de positif et peut être considéré comme une réussite. Cependant, les choses ne sont pas si simples. On a vu des deuxièmes ou des troisièmes très déçus car ils espéraient faire mieux. A l'inverse, parfois un top 10 est déjà une belle victoire. Marie Dorin-Habert a par exemple fini 4ème du sprint en biathlon et 9ème de la Mass Start. Or son commentaire à l'issue de la course était éloquent : « J'ai pris beaucoup de plaisir à faire partie du peloton de tête, à suivre aussi, à vivre un petit peu cette course de manière plus dirigée contrairement à ce à quoi j'ai été habituée en début de saison où j'ai subi énormément. Je suis contente de cette course. Après, il n'y a que les médailles qui comptent aux Jeux, on le sait bien, les neuvièmes places, on ne s'en souvient pas. Mais c'est pas grave, c'est comme la quatrième place du sprint, c'est déjà un beau défi qui a été réalisé. Aujourd'hui, c'est des belles choses. Je suis contente d'avoir couru avec un maillot qui a des anneaux dessus, je suis contente de plein de trucs. C'est déjà un pari réussi ». C'est peut-être cet état d'esprit qui lui a ensuite permis de gagner l'or en relais. En tous cas, la réussite est finalement toute relative et dépasse les seuls critères objectifs des résultats. Elle dépend de la joie que l'on peut éprouver non seulement en fonction de son classement mais aussi dans le seul fait d'être là et de participer, de se dépasser. Et puis, comme dans la vraie vie, les échecs sont là pour nous faire apprendre, progresser et nous permettre de rebondir. La joie de la réussite est d'autant plus intense qu'elle alterne avec la peine de l'échec.

Ces Jeux Olympiques nous parlent aussi de l'individualisme et de la solidarité. Certes, pour devenir un champion il faut une part d'égo qui permet de se dépasser et d'avoir une confiance en soi qui contribue à l'exploit. Pourtant, certains privilégient l'esprit d'équipe alors que d'autres ne pensent qu'à eux. Par exemple, d'un côté Martin Fourcade, après avoir gagné sa médaille d'or en relais mixte de biathlon, ne cherchait pas à attirer la lumière vers lui mais au contraire ne cessait de mettre en évidence les valeurs de l'équipe et de ses co-relayeurs, le rôle des personnes de l'ombre dans l'encadrement et il semblait presque plus heureux de cette victoire collective que de celles acquises en individuel. Très différente a été la réaction de Matthieu Faivre qui, après sa 7ème place en géant, était sollicité pour un avis sur le beau tir groupé des Français dont quatre d'entre eux ont fini dans les sept premières places. Il a réagi en disant qu'il n'en avait rien à faire et qu'il était juste là « pour sa pomme ». Il faut certes relativiser cette réaction à chaud dite sur le coup de la déception, mais le contraste est saisissant. Matthieu Faivre a dû rentrer prématurément en France, exclu de l'équipe de France, alors que Martin Fourcade est valorisé pour son rôle de chef de délégation et la dynamique collective positive qu'il instille.

Comme dans la vie, lors de ces Jeux Olympiques il y a des éléments que l'on peut maîtriser et des circonstances sur lesquelles nous avons peu de prise. C'est ce qu'ont vécu en danse sur glace Gabriella Papadakis et Guillaume Cizeron alors que la tenue de la patineuse s'est malencontreusement décousue au début du programme court, les perturbant dans leur démonstration. Au final, même s'ils ont gagné le programme libre, ils ne finissent que deuxièmes et on comprend leur frustration de n'avoir probablement pas obtenu l'or pour des raisons aussi indépendantes d'eux. Il faut pourtant apprendre à l'accepter. On ne peut pas tout maîtriser. Comme il faut accepter aussi que les générations passent et que les jeunes viennent prendre le pas sur les plus anciens. La belle et surprenante médaille d'argent de Julia Pereira de Sousa en snowboard cross, alors qu'elle n'a que 16 ans et vient à peine d'intégrer le circuit de Coupe du monde, est magnifique mais d'une certaine manière difficile à accepter pour ses co-équipières plus expérimentées et qui étaient favorites. Mais le talent n'attend pas le nombre des années et puis la roue tourne. C'est la vie. Au final, l'essentiel est probablement que pour tous ces athlètes mais aussi pour chacun dans la course de la vie, nous puissions dire comme l'apôtre Paul : « J'ai combattu le bon combat, j'ai achevé la course, j'ai gardé la foi » (2 Timothée 4.7) ou encore que l'essentiel est « d'accomplir sa course avec joie » (Actes 20.24).

« Plus jamais ça »

1er mars 2018

A chaque fois, c'est le même scénario. Après une tuerie par armes à feu aux Etats-Unis, ce qui arrive de manière bien trop récurrente, on se dit que les choses devraient changer. L'émotion génère de bonnes intentions qui se heurtent malheureusement au lobby puissant de la NRA mais aussi au temps qui affadit la volonté de limiter les armes à feu du fait de l'effacement médiatique rapide. Tout portait à penser qu'il allait en être de même après la tuerie du 14 février à Parkland en Floride. Sauf que cette fois, rien n'est moins sûr. Et c'est aux jeunes qu'en revient le mérite.

Survivante du massacre de la Saint Valentin, Emma Gonzalez, 18 ans, est en train de devenir une icône de la lutte contre les armes à feu aux Etats-Unis. En effet, après la tuerie à laquelle elle a échappé en se cachant dans l'amphithéâtre du lycée, elle a fait un discours remarqué : « A tous les hommes politiques ayant reçu des dons de la NRA, honte à vous », a lancé la lycéenne. « Si [Donald Trump] me dit en face que c'était une terrible tragédie et qu'on ne peut rien y faire, je lui demanderai combien il a touché de la *National Rifle Association*. Je le sais : 30 millions de dollars. Divisé par le nombre de victimes par balles aux Etats-Unis depuis le début de l'année 2018, ça fait 5800 dollars. C'est ce que valent les gens pour vous Trump ? » Et la jeune fille au crâne rasé, militante engagée, d'ajouter : « Nous allons être les enfants dont on parle dans les manuels scolaires. Pas parce que nous serons une nouvelle statistique sur les fusillades en Amérique, mais parce que nous allons changer la loi ». Avec d'autres élèves survivants, elle a appelé à participer à une manifestation le 24 mars à Washington et dans d'autres villes du pays. Cette « Marche pour nos vies » vise à « demander qu'une proposition de loi complète et efficace soit immédiatement présentée au Congrès pour régler les problèmes de violence par les armes qui sont généralisés dans notre pays », affirme la page Web qui présente cette marche. Force est de constater que son appel reçoit des échos positifs. L'actrice Reese Witherspoon a écrit un tweet disant : « Les jeunes comme Emma Gonzalez vont changer le monde. Ecoutez-la ! ». Quant à la chanteuse Demi Levato, elle a lancé un appel en ligne pour entrer en contact avec la lycéenne. Et puis surtout, de nombreuses entreprises sont en train de se désolidariser d'avec la toute puissante NRA, refusant dorénavant tout soutien ou mettant fin aux avantages qu'elles accordaient aux membres de l'association pro-armes à feu.

D'autres lycéens rescapés de Parkland s'engagent et font bouger les lignes. Cameron Kasky a lancé le #NeverAgain (#PlusJamaisCa) et donné une leçon sur CNN au sénateur Marco Rubio. Chris Grady et David Hogg sont également particulièrement actifs. De leur côté, des élèves de l'école de Kalamazoo, dans le Michigan, ont lancé une pétition intitulée : « Les étudiants luttent contre les armes, car les adultes ne le feront pas » et ils ont déjà a recueilli plus de 60 000 signatures. Ils déclarent : « Nous demandons simplement combien de fusillades il faudra, combien d'enfants innocents doivent mourir, jusqu'à ce que les adultes décident que nous, les enfants de cette nation, sommes plus importants que les armes de notre nation ».

Je retiens au moins trois choses de ce mouvement qui semble se développer et que je soutiens sans hésitation. La première est en lien avec la difficulté mais aussi l'espérance du changement. On a souvent l'impression qu'il y a des choses que l'on n'arrivera jamais à faire évoluer. On essaye une fois, dix fois, cent fois… et l'on peut vite devenir et rester défaitiste. Pourtant, les choses ne sont jamais inéluctables. « Ne pas se conformer » (Romains 12.2) est un adage biblique qu'il est bon de garder à l'esprit. Il importe de continuer à défendre ses convictions, à essayer de générer le changement, et un jour cela passera. Je ne sais si c'est cette fois-ci que la loi américaine sur les armes va changer, mais il vaut la peine d'essayer de continuer à éveiller les consciences. Et c'est là mon deuxième point : c'est une utopie de croire que l'on va régler les problèmes d'armes avec plus d'armes, ou renverser la violence avec plus de violence. Comme Jésus l'a dit en s'adressant à son disciple Pierre avec une phrase qui est d'une certaine manière programmatique : « Remets ton épée à sa place, car tous ceux qui prennent l'épée périront par l'épée » (Matthieu 26.52). Moins il y aura d'armes à feu, moins il y aura de débordements et de dérives, et mieux on se portera ! Enfin, c'est formidable que la jeunesse soit en première ligne. C'est justement peut-être pour cela que cette fois-ci les choses ne vont pas rester en l'état. Comme Jésus l'a affirmé à plusieurs reprises, cet esprit d'enfance est vital et il importe de prendre au sérieux les enfants et les jeunes, et même à devenir ou redevenir comme eux. C'est peut-être cela qui nous aidera tous à construire un monde plus pacifique !

Incohérences et dérives économiques

8 mars 2018

Chaque jour l'actualité met en évidence combien le rapport à l'argent est marqué par des incohérences ou des dérives. Par exemple, ces jours-ci, la guerre des télés s'étalent sous nos yeux. Le groupe Canal + a cessé de diffuser les chaines du groupe TF1 dans son bouquet satellite, car TF1 demande des millions à Canal pour diffuser ces chaînes pourtant gratuites sur la TNT. Free menace de faire pareillement. Même si l'on peut comprendre que cela s'inscrit dans une histoire où à une époque la situation était relativement différente, il est vrai qu'il semble incongru de payer pour quelque chose qui est gratuit par ailleurs.

Je ne m'attarderai pas sur les dépenses pharaoniques du PSG pour attirer des grands joueurs censés mener à la victoire en Ligue des champions, avec les résultats que l'on connait : deux éliminations de suite en huitième de finale. Moins bien que lorsque le PSG dépensait moins. Même si bien sûr on ne peut nier que l'argent peut attirer de meilleurs joueurs et donc devrait normalement produire de meilleurs résultats, c'est oublier que le foot reste un sport et un jeu, avec ses aléas et sa multitude de facteurs pour aboutir à la victoire (ou non). La petite fracture à un doigt de pied du héros Neymar qui traverse l'océan pour se faire opérer en grande pompe sous les caméras du monde entier est le summum d'une incohérence et même d'une impasse non seulement économique mais sociétale. Certes, il est difficile de calculer ainsi, mais si les fonds hallucinants dépensés pour cette « petite » opération avaient été consacrés à soigner des gens qui en ont vraiment besoin dans des pays défavorisés, nul doute que cet argent aurait été mieux utilisé.

Venons-en à l'autre affaire du moment : Donald Trump a décidé de taxer l'acier entrant aux Etats-Unis de 25 % et l'aluminium de 10 %. C'est une forme de protectionnisme mais aussi une petite guerre économique. Sauf que ces mesures risquent de transformer le *America first* (l'Amérique d'abord) en *America alone* (l'Amérique toute seule). La méthode est discutable car la décision vient en infraction des règles de l'Organisation mondiale du commerce et met donc à mal les équilibres chèrement acquis avec le temps. Du reste, pour pouvoir imposer cette mesure, contre l'avis d'une bonne partie de ses conseillers et de ses secrétaires d'Etat, Donald Trump a lancé une procédure dite « section 232 de la loi commerciale de 1962 » qui permet à l'exécutif d'imposer des restrictions à l'importation au nom de la sécurité nationale. Evidemment, il n'y aucun risque pour la sécurité nationale, et les deux enquêtes initiées par le Département du Commerce en avril dernier étaient une commande dont les résultats partisans étaient connus d'avance pour répondre à une promesse de campagne du candidat Trump. Cependant, à vouloir satisfaire une frange de son électorat, la décision de Donald Trump va être contre-productive. Il se met à dos une partie du Congrès américain dont il rogne les prérogatives en la matière. Il va susciter des représailles de bien des pays et, dans ce genre de situation, le résultat est généralement « perdant-perdant ». Surtout, il va mettre à mal sa propre économie et menacer de nombreux emplois dans son propre pays. En effet, si les sidérurgistes vont être rassurés, que pèsent leurs 140 000 emplois face aux 2,5 millions de l'aéronautique et les 7 millions de l'automobile qui, en tant que gros consommateurs d'acier et d'aluminium, vont devoir faire face à des hausses de prix qui les rendront moins concurrentiels ? Il est souvent utile d'essayer d'apprendre de l'Histoire, ce que ne semble pas faire l'administration américaine en ne se souvenant pas qu'en 2001, lorsque Georges Bush avait pris une décision similaire de taxer l'acier, cela avait coûté 200 000 emplois. Mais bon, libre au fan d'armes qu'est Donald Trump de se tirer une balle dans le pied.

Il est clair qu'il est facile de jeter la pierre à TF1, au PSG ou à l'Amérique de Donald Trump, mais nos manières de gérer et de dépenser notre argent ont probablement aussi des incohérences, voire des dérives, qui sautent moins aux yeux du fait que cela reste dans notre petit cercle personnel ou à un niveau moindre. Les affres des relations humaines se retrouvent assez logiquement dans des petites ou grandes guerres économiques... Certains arrosent et dépensent à tout va pour flamber, d'autres cherchent à faire payer autrui. Toujours est-il que, puisque l'argent agit un peu comme un révélateur, il n'est probablement pas inutile de veiller à avoir un juste rapport à l'argent et tenter d'éviter toute dérive ou toute incohérence. Peut-être aussi une certaine forme de détachement pour que l'*homo economicus* que notre société nous pousse tous un peu à devenir ne prenne le pas sur une humanité qui mette en avant d'autres valeurs. C'est Job qui dans la Bible affirme que « la sagesse ne s'échange pas contre de l'or massif, elle ne s'achète pas au poids de l'argent » (Job 28.15). Salomon, lui, déclare que « celui qui aime l'argent ne se rassasiera pas d'argent » (Ecclésiaste 5.10). Quant à Jésus, il considère que notre vrai trésor n'est pas ce que nous possédons mais ce que nous avons partagé, et il ajoute : « Là où est ton trésor, là aussi sera ton cœur » (Matthieu 6.21). L'argent n'est pas une mauvaise chose en soi, il importe de le considérer pour ce qu'il est et de l'utiliser à bon escient. Que notre trésor, lui, soit dans ce qui compte vraiment !

Impardonnable ?

15 mars 2018

Existe-t-il des actes impardonnables ? La question est complexe car elle interroge nos ambivalences. Dans un sens on se dit qu'il est utile de laisser le passé dans le passé, et vital de sans cesse oser les pages blanches. D'un autre côté, il y a des cicatrices qui restent vives *ad vitam eternam* et des souffrances que rien ne peut apaiser. Alors comment conjuguer le clair désir de la bonté et le noir souvenir de la douleur ? Les réactions suscitées ces jours-ci autour du chanteur Bertrand Cantat illustrent cette tension.

Bertrand Cantat a tué sa compagne, Marie Trintignant, en 2003. Il a été condamné en 2004 à huit ans de prison ; a obtenu une libération conditionnelle fin 2007 pour bonne conduite, et donc effectué une peine effective de quatre ans. Ses détracteurs jugent cette peine dérisoire alors que ses fans disent qu'il a payé pour son acte. Cette discordance résonne haut et fort dès que Bertrand Cantat fait une apparition publique ou médiatique. Le 11 octobre dernier, le journal *Les Inrockuptibles* mettait en une l'ex-chanteur de *Noir Désir* et publiait une interview à l'aube de la sortie de son premier album solo. Sur la couverture on pouvait lire un extrait des paroles de Cantat : « Emotionnellement, j'étais incapable de lire, d'écouter. La beauté, lentement, en frottant, a retrouvé une petite place. J'ai refait mon parcours avec mes albums fondateurs tout en restant à l'écoute de toute nouveauté ». L'homme partage sa douleur, sa difficulté à se reconstruire et exprime que le retour à la musique a pour lui été vital. On aurait envie d'entendre et de se réjouir de ce lent relèvement. Mais l'on comprend également l'indignation que cela soulève. Le journal *Elle* s'en est fait la voix en faisant de Marie Trintignant le symbole de toutes les femmes violentées en imitant la mise en page des Inrocks et en placardant sur le portrait en pleine page de l'actrice : « Marie Trintignant, on ne t'oublie pas. Il faudra davantage que la médiatisation obscène de Bertrand Cantat pour éteindre ta flamme. "Une lumière ici requiert une ombre là-bas", écrit Virginia Woolf. Tu es à la fois cette ombre et cette lumière, cette douleur et cet espoir qu'un jour enfin cesse cette violence tout simplement inouïe ».

Bertrand Cantat a finalement sorti son album en décembre et aujourd'hui ses concerts font salle comble à chaque fois tout en générant simultanément des manifestations d'hostilité nombreuses et virulentes. La tension est à son comble, tant dans les médias que sur le terrain. Le 13 mars, alors que dans la journée est arrivée l'annonce de l'annulation de son concert à Istres, Cantat a voulu dialoguer avec des contestataires avant son concert du soir à

Grenoble, mais peine perdue, l'hostilité trop grande rend l'écoute mutuelle impossible et Cantat de dénoncer sur Facebook la censure et le déchaînement de violence à son égard. L'album de Cantat emprunte son titre à l'expression latine attribuée à Nietzsche : *Amor Fati*, « l'amour du destin ». Cantat exprime par là son intention d'avancer malgré le poids du passé, comme son interview polémique en témoignait : « Ça ne veut pas dire que je vis sans regrets, sans remords. Il m'a fallu tout prendre, assumer les conséquences de mes actes ». Si l'*Amor Fati* a parfois été assimilé au fatalisme, ce n'est pas le sens que Nietzsche voulait lui donner. L'*Amor Fati* évoque une ouverture positive face à l'avenir et l'acceptation du chaos que constitue parfois la réalité. Il ne s'agit pas d'une résignation passive ni d'une obéissance servile aux événements mais d'assumer les conséquences de ses actes et d'avancer tant bien que mal ; accepter son destin, puisque comme Nietzsche l'a exprimé : « Tout ce qui ne nous tue pas nous rend plus fort ». Mais voilà, si Cantat est vivant et peut penser (ou panser) son avenir, Marie Trintignant, elle, ne le peut pas parce que sa destinée a été stoppée net par Cantat. Dès lors, si l'on peut comprendre et même souhaiter un avenir constructif au chanteur, on peut aussi s'indigner et regretter que trop souvent les femmes violentées, fussent-elles encore en vie, ne soient pas le sujet d'une exposition médiatique qui permette une véritable écoute et une compassion dont elles auraient plus besoin encore.

Une ambivalence m'habite face à Cantat. Et finalement je l'accepte. Ce mélange d'empathie et de distance critique est peut-être le reflet de nos propres contradictions. Nous sommes souvent prompts à nous pardonner nous-mêmes, à nous trouver des circonstances atténuantes ; moins aux autres, ou en tous cas à certains autres. La Bible présente le pardon comme une voie de salut, pour soi et pour les autres. Jésus, qui sur la croix a réussi à pardonner à ses bourreaux, avait encouragé à pardonner jusqu'à 70 fois 7 fois, comme pour signifier symboliquement la valeur inouïe du pardon. Mais le pardon n'est pas l'oubli, il est le dépassement, l'acceptation d'un passé qui n'empêche plus l'avenir. On trouve dans la Bible cette affirmation à propos de Dieu : « Quel Dieu est semblable à toi, qui pardonnes l'iniquité, qui oublies les péchés ? Dieu ne garde pas sa colère à toujours, car il prend plaisir à la miséricorde » (Michée 7.18). Si le pardon de Dieu est un exemple à suivre, alors rien n'est impardonnable, même s'il faut du temps pour faire disparaitre une légitime colère que seule la miséricorde et la bienveillance peuvent aider à dépasser.

Maîtriser le temps

22 mars 2018

« Avec le temps, va, tout s'en va » chantait Leo Ferré. Et s'il est vrai que le temps passe, que certains souvenirs s'effacent, la vie poursuit sa trace et le manque d'heures nous menace… On aimerait rajouter des heures à nos journées ou des années à nos vies en oubliant peut-être que l'essentiel est d'ajouter de la vie à nos années et à nos heures. Or justement, avec le passage à l'heure d'été, nous allons perdre une heure. Dimanche 25 mars, à 2h du matin, il sera déjà 3h ! Cette heure-là, en pleine nuit, est bien peu de choses, mais elle est pourtant le symbole du désir des humains de maîtriser le temps, d'essayer de le dompter. Tous les débats que suscitent deux fois par an les passages à l'heure d'hiver ou d'été sont significatifs de notre rapport au temps.

Au commencement, il y eut un soir, il y eut un matin. C'était donc le soleil qui rythmait les journées. Sans même forcément compter les heures, le jour commençait au lever du soleil et s'achevait lorsqu'il disparaissait à l'horizon, laissant place à la nuit. Le besoin de se situer dans le temps a fait émerger le système des heures, notamment pour organiser la vie sociale, religieuse et économique des sociétés. Mais comme la terre tourne autour du soleil, ce dernier ne se « lève » pas au même moment partout, donc à chaque lieu son heure. Ce n'est qu'en 1876 que l'ingénieur et géographe canadien Sandford Fleming a proposé de diviser le globe en 24 fuseaux horaires pour rationaliser la circulation des trains dans le monde. En France, jusqu'en 1891, chaque ville avait sa propre heure calculée par rapport à la position du soleil : il s'agissait de l'heure solaire aussi appelée « heure vraie ». Il y avait ainsi 50 minutes d'écart entre Strasbourg et Brest, mais cela a rapidement posé problème avec le développement des chemins de fer. Ainsi, une heure légale est adoptée en 1891, puis la France entérine le système des fuseaux horaires le 9 mars 1914. Mais l'heure de base reste dépendante de l'heure solaire. Le décalage est apparu en France au cours de la deuxième guerre mondiale lorsque le régime de Vichy a adopté « l'heure allemande ». Depuis, ce qu'on appelle l'heure d'hiver est en fait en décalage d'une heure par rapport à l'heure solaire. Finalement, après le premier choc pétrolier au début des années 1970, il y a un important besoin de faire des économies d'énergie et c'est ainsi qu'apparaît l'idée du passage à l'heure d'été. Depuis 1976, pendant sept mois de l'année, de fin mars à fin octobre, le décalage par rapport à l'heure solaire passe à deux heures, permettant de profiter de la lumière du soleil les soirs d'été et donc d'allumer les lampes électriques plus tard. Cependant, il est assez bien démontré que l'impact économique est très faible, encore plus aujourd'hui, à l'heure des ampoules à basse consommation. A l'inverse, en plus du désagrément chrono-biologique pour nos rythmes de vie, des études montrent certains effets néfastes de ces changements d'heure. En particulier, la sécurité routière relève un pic d'accidentalité de 40 % pour les piétons en fin de journée, dans la semaine suivant le changement d'heure. Par ailleurs, il y a une augmentation significative des crises cardiaques dans les jours qui suivent le passage à l'heure d'été. Il est vrai que cela est compensé par une baisse du nombre d'infarctus lors du passage à l'heure d'hiver. En lien avec la santé, l'heure d'été n'a pas que des inconvénients puisque l'allongement des jours favoriserait plus d'activités physiques, ce qui est bon pour l'organisme. De plus, l'exposition à la lumière est connue pour favoriser la synthèse de la vitamine D, ce qui est bon pour le corps comme pour le moral. Toujours est-il que le 8 février dernier, le Parlement européen a voté une résolution visant à supprimer le changement d'heure. Il faudra encore que la Commission européenne se saisisse du dossier et que l'unanimité se fasse entre les pays européens avant que l'on cesse de changer d'heure, et surtout, il conviendra de se mettre d'accord afin de savoir si l'on adopte l'heure d'hiver ou l'heure d'été. A n'en pas douter, bien des heures de débat seront nécessaires pour trancher et régler nos montres une fois pour toutes.

Au-delà des enjeux intéressants et importants liés à ces changements d'heure, le principe de synchroniser le temps d'ensoleillement aux activités des citoyens peut susciter quelques réflexions. La notion de maîtrise du temps est un enjeu social et individuel tout à fait essentiel de nos existences. Et c'est vrai qu'il est important de bien utiliser son temps, d'essayer de le gérer au mieux, de partir à la chasse aux mangeurs de temps, d'établir des priorités, de s'organiser et d'optimiser ses journées, de planifier et peut-être de sortir du culte de l'urgence. Mais ce serait une illusion de penser que nous, humains, pouvons maîtriser le temps. C'est plutôt lui qui nous maîtrise et à nous de nous adapter. Comme l'Ecclésiaste l'affirmait : « Il y a un temps pour tout ». On aura beau changer les heures, il y aura un temps pour naître et pour mourir, pour planter et pour arracher, pour se lamenter et pour danser, pour aimer et pour détester, pour pleurer et pour rire… Le temps est un cadeau. Un cadeau à recevoir et non à maitriser. Chaque heure est à vivre au présent et donc comme un présent.

« Exposer » sa vie *pour* autrui
29 mars 2018

Vendredi 23 mars, il est 10h39 lorsque le terroriste — dont je tairais le nom car il ne vaut pas la peine qu'on s'en souvienne — arrive au Super U de Trèbes, dans le Sud-Ouest de la France. Un peu plus tôt, il a braqué une voiture à Carcassonne, tuant Jean, le passager, puis tiré sur des CRS. Il entre en courant dans le supermarché et ouvre le feu. Christian, le chef du rayon boucherie est tué par les premières balles, suivi rapidement par Hervé, un retraité qui fait tranquillement ses courses. Les clients se cachent ou s'enfuient comme ils peuvent. Vers 11h, les forces de l'ordre arrivent. Après avoir analysé la situation dans la salle des caméras de contrôle, un groupe de gendarmes intervient. A sa tête, le lieutenant-colonel Arnaud Beltrame, 44 ans, une vie de service déjà bien remplie derrière lui. Voyant que le terroriste tient comme bouclier humain une caissière le pistolet sur la tempe, il pose son arme, lève les bras, propose l'échange que le terroriste accepte. Avec son nouveau prisonnier, le terroriste s'isole dans la salle des coffres. Près de trois heures plus tard, les négociations ne donnent rien. Arnaud Beltrame décide probablement d'agir et essaye de désarmer l'insensé. A 14h16, des coups de feu se font entendre, alors le GIGN intervient immédiatement et le terroriste est abattu. Arnaud Beltrame est découvert avec des blessures qui vont s'avérer mortelles, deux par balles mais surtout un coup de couteau à la gorge.

Cet acte d'altruisme et de bravoure ne laisse pas d'impressionner. Par son audace et son courage de proposer de prendre la place de Julie, Arnaud Beltrame a donné un sens particulier à son titre de lieutenant-colonel puisqu'un lieutenant est littéralement « celui qui peut remplacer ». Mais cette fois, il n'a pas remplacé le colonel, comme le titre le suggère, mais une citoyenne pour lui anonyme. Une personne parmi toutes celles que le gendarme Arnaud Beltrame avait vocation de servir. Déjà en 2005, il avait mené une opération au péril de sa vie en Irak pour récupérer une Française sur le point d'être enlevée. A l'époque, il avait déclaré « son enthousiasme et son sens du sacrifice ». Plus que tous, Julie, l'hôtesse de caisse du Super U de Trèbes, en a conscience, elle qui a exprimé sans détour : « Il a donné sa vie pour moi, il s'est fait tuer pour que je vive ». Lors de l'hommage qui lui a été consacré aux Invalides, Emmanuel Macron a affirmé dans son éloge funèbre : « Etre prêt à donner sa vie parce que rien n'est plus important que la vie d'un concitoyen, tel est le ressort intime de cette transcendance qui le portait. Là était cette grandeur qui a sidéré la

France ». Arnaud Beltrame est légitimement élevé au rang de héros ; mais pensons aussi à la femme qu'il laisse. Marielle, qui est dorénavant veuve, a déclaré à propos de son mari : « Pour lui, être gendarme, ça veut dire protéger. Mais on ne peut comprendre son sacrifice si on le sépare de sa foi personnelle ». Ce qu'il a accompli, « c'est le geste d'un gendarme et le geste d'un chrétien. Pour lui, les deux sont liés, on ne peut pas séparer l'un de l'autre », a-t-elle précisé, ajoutant qu'elle formait un « couple chrétien » avec son mari, qui était « revenu à la foi de façon forte vers la trentaine ». Leur mariage religieux était prévu prochainement, mais l'enterrement d'Arnaud est passé par là. « En pleine semaine sainte », souligne Marielle Beltrame.

Précisément, la proximité avec Pâques n'est pas qu'une affaire de date. L'attitude d'Arnaud Beltrame et la manière dont les choses ont abouti rappellent ce que Jésus a vécu et accompli à Pâques et la manière dont la mort de Jésus sur la croix a été comprise. L'apôtre Paul l'affirme clairement et tous les chrétiens avec lui : « Christ est mort pour nous » (Romains 5.8). Mais si la Bible parle d'un don, comme dans le célèbre verset de Jean 3.16 : « Dieu a tant aimé le monde qu'il a donné son Fils… », il importe peut-être de rappeler que c'est avant tout le geste altruiste qui compte, et que la mort fatale qui s'ensuit n'en est que la conséquence. Jésus lui-même a affirmé : « Il n'y a pas de plus grand amour que de donner sa vie pour ceux qu'on aime » (Jean 15.13). Cependant, l'expression « donner sa vie » (dans l'original grec, *tithèmi*), se traduit plutôt par « exposer ». Comme Jésus, Arnaud Beltrame a « exposé sa vie » pour autrui. Mais le sacrifice n'était pas le but, ni une fin en soi. Du reste, le plus grand des amours pour ceux qu'on aime est bien souvent de rester en vie, pour continuer à aider et à aimer. Dans une parabole, Jésus s'est comparé au bon berger, déclarant : « Je suis le bon berger. Le bon berger expose (du verbe *tithèmi*) sa vie pour ses brebis » (Jean 10.11). Le bon berger ne « donne » pas sa vie, comme il est souvent traduit car il ne serait plus d'aucun secours pour ses brebis. Mais il est vrai que par amour, il est prêt à prendre des risques, et au pire des cas à y laisser la vie. C'est bien ainsi qu'il faut comprendre l'acte de Jésus à Pâques, auquel ressemble le geste d'Arnaud Beltrame. Fin tragique suite à une noble intention, qu'il est essentiel de célébrer à Pâques. Le message de Pâques est précisément que la vie nouvelle, celle de la résurrection, passe par le fait d'exposer sa vie pour autrui, au risque de la mort. Arnaud l'a fait pour Julie. Jésus l'a fait pour nous tous.

Un amour désarmant

5 avril 2018

Martin Luther King est mort le 4 avril 1968, mais il est plus vivant qu'on ne pourrait le penser. Sa mort subite et tragique il y a cinquante ans, a mis en exergue une courte vie (il est mort à 39 ans) pleine de sens et d'engagement et contribué à sa popularité et sa reconnaissance. Le rêve de Martin Luther King contient bien des aspects qui restent malheureusement de l'ordre du rêve. C'est pourquoi son invitation à l'engagement, son idéal de fraternité et d'égalité, son approche non-violente évangélique et son désir de conjuguer justice et paix demeurent plus que jamais d'actualité.

Fils de pasteur, Martin Luther King Jr. naît et grandit à Atlanta. Il devient lui-même pasteur à Montgomery dans l'Alabama. C'est là que va commencer une série d'actions qui vont forger le parcours de MLK et ponctuer quelques dix années de lutte pour les droits civiques. L'épisode fondateur est lié au refus de la couturière noire Rosa Parks, le 1er décembre 1955, de laisser sa place assise à un Blanc dans le bus qui la ramène chez elle. Martin Luther King va alors mener le boycott des bus par la population noire de Montgomery. Il faudra 382 jours de marche à pied, de covoiturage et de débrouille pour que finalement la Cour suprême des Etats-Unis déclare illégale la ségrégation dans les autobus et que le Conseil municipal cède à son tour. Le chemin va encore être long pour l'égalité des droits, mais cette première victoire crédibilise la démarche non-violente. Cette approche pacifique va passer par les premiers *sit-in*, comme à Greensboro en 1960 où dans un fast-food quatre jeunes noirs demandent à se faire servir au comptoir réservé aux Blancs, sans succès. Alors ils reviennent à trente le lendemain, s'assoient par terre et attendent d'être expulsés. Le mouvement fait tache d'huile et s'étend rapidement. Tous ceux qui sont arrêtés sont jetés en prison car ils refusent de payer la caution, mais de ce fait, les prisons débordent et cela stimule encore plus ce mouvement de désobéissance civile non-violente. Martin Luther King lui-même est emprisonné, mais le soutien de John Fitzgerald Kennedy, quelques semaines avant son élection, va contribuer à sa libération, et cette campagne de *sit-in* remporte un grand succès puisque partout où elle a lieu, la ségrégation est abolie. D'autres actes symboliques vont ponctuer cette quête d'égalité. A Birmingham, où la ségrégation est particulièrement exacerbée, de nombreux volontaires se forment et s'engagent à respecter une charte dont le texte commence ainsi : « Je m'engage par la présente dans le mouvement de non-violence. J'observerai donc les dix commandements suivants ». Je n'en cite ici que quelques-uns : « Médite chaque jour sur l'enseignement et la vie de Jésus ; souviens-toi que le mouvement recherche la justice et la conciliation et non la victoire ; marche et parle avec amour, car Dieu est amour ; observe avec tes amis comme avec tes ennemis les règles habituelles de la courtoisie ; cherche à être au service de ton prochain et du monde ; abstiens-toi de toute violence, qu'il s'agisse de ton poing, de ta langue ou de ton cœur ». Le 28 août 1963, à l'occasion du centième anniversaire de l'abolition de l'esclavage, une grande marche sur Washington est organisée et va connaître un grand succès avec la participation de 250 000 personnes. C'est là que Martin Luther King va prononcer son célèbre discours, partageant son rêve que les « fils d'anciens esclaves et les fils d'anciens maîtres d'esclaves puissent s'asseoir ensemble à la table de la fraternité » ; que les lieux d'injustice et d'oppression soient transformés en « oasis de liberté et de justice » ; que l'on ne soit plus « jugé sur la couleur de la peau, mais sur la valeur du caractère » ; que les enfants noirs et blancs « puissent se donner la main, comme frères et sœurs ». C'est finalement en 1965, après plusieurs marches épiques à Selma, que la décision est obtenue de faire passer une loi permettant un véritable droit de vote universel. Martin Luther King a fortement contribué à l'égalité des droits civiques, il s'engagera ensuite pour l'égalité des droits économiques, puis contre la guerre du Vietnam, interrompu dans son engagement non-violent à Memphis où il est assassiné.

Le temps a passé, mais Martin Luther King peut encore inspirer car les situations d'oppression et d'injustice ne manquent pas. Dès lors, il importe d'écouter son invitation à l'engagement, comme lorsqu'il déclare : « Ce qui m'effraie, ce n'est pas l'oppression des méchants, mais l'indifférence des bons ». Cependant, pour MLK la légitimité de l'engagement est marquée par la non-violence : « La non-violence est une arme puissante et juste qui tranche sans blesser et ennoblit l'homme qui la manie. C'est une épée qui guérit ». Pour Martin Luther King, cet engagement non-violent, lié à sa foi et fondé sur l'attitude exemplaire de Jésus, ouvre un espace d'espérance ; il ose croire qu'à la « nuit sans étoile du racisme et de la guerre » peut succéder « l'aurore radieuse de la paix et de la fraternité ». Et pour que cela advienne, la qualité la plus importante à développer est celle de l'amour, oser « la force d'aimer », car Martin Luther King l'affirme : « L'obscurité ne peut pas chasser l'obscurité, seule la lumière le peut. La haine ne peut pas chasser la haine, seul l'amour le peut », ajoutant : « La haine est un fardeau trop lourd à porter. J'ai décidé d'opter pour l'amour. » Puissions-nous être inspirés et vivre autant que possible cet amour désarmant !

Une laïcité bienveillante

12 avril 2018

Lundi soir 9 avril, Emmanuel Macron a prononcé un discours devant la Conférence des évêques catholiques de France dans la grande nef cistercienne du collège des Bernardins à Paris. Cette prise de parole devant des autorités religieuses n'est pas une première car, depuis sa prise de fonction, il a déjà eu l'occasion de s'adresser aux protestants et aux juifs. Cela a une nouvelle fois été l'occasion pour lui de faire part de sa vision de la laïcité. Pour le Président de la République française, le dialogue entre l'Eglise et l'Etat est indispensable car « une Eglise prétendant se désintéresser des questions temporelles n'irait pas au bout de sa vocation », tandis « qu'un Président de la République prétendant se désintéresser de l'Eglise manquerait à son devoir ». Emmanuel Macron ne remet pas en question la séparation de l'Eglise et de l'Etat qui en France est une réalité depuis la loi de 1905, c'est pour lui une « règle d'airain qui ne souffre aucun compromis », mais il ajoute : « Mon rôle est de m'assurer que chaque citoyen ait la liberté absolue de croire comme de ne pas croire, mais je lui demanderai de la même façon et toujours de respecter absolument, et sans compromis aucun, toutes les lois de la République ». En d'autres termes, il souhaite rompre avec la vision d'une laïcité qui cantonnerait les cultes à la vie privée.

Les réactions ont été vives et le débat va sans doute se prolonger et mettre en évidence différentes conceptions ainsi qu'une variété d'interprétation de la loi de 1905. Benoit Hamon, par exemple, trouve qu'Emmanuel Macron « ne se situe pas dans la tradition républicaine de la loi de 1905, notamment l'article 2 qui dit que la République ne reconnaît aucun culte ». Quant à Jean-Luc Mélenchon, il s'est fendu d'un tweet sans ambiguïté : « Monsieur le Président, le lien avec les Eglises n'a pas été abimé ! Il a été rompu en 1905 ! Remettre en cause la séparation des Eglises et de l'Etat, c'est ouvrir la porte de la politique aux fondamentalistes de toutes les religions. C'est irresponsable ». N'en déplaise à ces tenants d'une laïcité dure, stricte et excluante, je ne crois pas que vouloir ignorer le fait religieux, ou le cantonner à l'espace privé, soit en phase avec l'esprit de la loi de 1905, ni pertinent dans le contexte actuel. En effet, ignorer que la foi des gens a un impact sur leur manière de vivre et leur rapport au monde est probablement dangereux et inefficace. Qui plus est, quand la laïcité se confond avec une forme de combat antireligieux, on peut se demander qui sont les plus fondamentalistes ?

J'en veux pour preuve ce qui est arrivé à Matthieu Faucher il y a quelques mois. En plein milieu de l'année scolaire dernière, l'instituteur de 37 ans a été suspendu pour faute grave. Pour quelle raison ? Parce qu'il a proposé à ses élèves de CM1-CM2 une étude littéraire et historique de quelques textes bibliques. L'objectif n'était en rien religieux, puisque Matthieu Faucher est agnostique, marié civilement mais pas religieusement. L'intention était principalement de l'ordre de la culture générale. L'instituteur, diplômé de lettres classiques et passionné de culture antique, affirme : « Dans notre campagne berrichonne, les symboles chrétiens sont omniprésents, mais pas toujours connus ou compris des élèves ». Il disait vouloir répondre aux questions du genre : Qui est cet homme barbu sur une croix à côté de la salle des fêtes ? Pourquoi mon père dit qu'il ne faut pas être treize à table ? Pourquoi on ne travaille pas à Pâques ? Matthieu Faucher, fils de professeur de français, petit-fils et arrière-petit-fils d'instituteurs, a voulu répondre objectivement à ces interrogations et a, pour ce faire, préparé un document très objectif intitulé : « Le christianisme par les textes. Etude littéraire d'extraits bibliques ». Dès la réunion de rentrée, le projet et la méthode avaient été présentés aux parents d'élèves qui ne tarissent pas d'éloges sur l'instituteur de leurs enfants et qui n'ont pas compris la sanction, prise suite à une lettre anonyme de dénonciation qui a généré une inspection puis une commission disciplinaire. Finalement, le directeur académique de l'Indre, Pierre-François Gachet, n'en a pas démordu et a même organisé une réunion avec les parents d'élèves. L'un d'entre eux témoigne : « D'un ton hautain, cassant, il a tenté de nous imposer sa vision de la laïcité ». Matthieu Faucher, qui a aujourd'hui été rétrogradé au statut de remplaçant, a fait appel de cette décision, et j'espère bien qu'il obtiendra gain de cause. Au final, je ne sais pas ce qu'il a pensé en écoutant Emmanuel Macron, mais pour ma part, s'il est effectivement essentiel que chacun reste à sa place, une ignorance ou un rejet réciproque entre spirituel et temporel me semble loin d'être fructueux ni même pertinent. De toutes façons, notamment avec la montée de l'Islam, qui n'est probablement pas très loin de l'esprit du Président quand il s'adresse aux catholiques, on ne peut pas aujourd'hui faire comme s'il n'y avait pas de croyants pratiquants en France. L'esprit de la loi de 1905, comme d'ailleurs l'esprit de Jésus dans les Evangiles, est bien de l'ordre de la tolérance mutuelle et non de l'opposition, de l'acceptation des différences et non du rejet, de la non-ingérence réciproque et du respect de tous. Si seulement il y avait un peu plus de bienveillance de part et d'autre, la laïcité — dont l'étymologie fait référence au peuple — permettrait à tout un chacun de vivre sereinement, quelles que soient ses croyances.

Liberté, légalité, légitimité

19 avril 2018

Comment faire valoir ses idées, manifester et agir en conséquence ? Les événements des derniers jours me font réfléchir sur les liens mais aussi sur les tensions qui existent entre les notions de liberté, de légalité et de légitimité. Plusieurs universités sont aujourd'hui bloquées. Ainsi par exemple, lundi 16 avril à Nanterre, quelques dizaines d'étudiants ont empêché des milliers d'autres d'accéder aux salles où ils devaient passer des examens. Les étudiants bloqueurs veulent ainsi lutter contre la mise en place de *Parcoursup* qui selon eux introduit une dose de sélection à l'entrée des universités. La légitimité de leurs revendications — l'abrogation de la réforme — est affaire d'appréciation. D'aucuns préféreront accéder en faculté sur la base de leur dossier alors que d'autres semblent préférer un tirage au sort, qui de toutes façons est une autre forme de sélection. Mais bon, il est normal et respectable que ces étudiants puissent faire usage de leur liberté pour défendre leur point de vue. Par contre, là où cette liberté me paraît plus que discutable, c'est quand quelques-uns font la loi et imposent un blocage qui s'applique à tous, empêchant des étudiants qui ne partagent pas leur avis d'aller en cours ou de passer leurs examens. Quand la liberté des uns induit la non liberté des autres, est-ce vraiment de la liberté ? Comme l'a affirmé John Stuart Mill : « La liberté des uns s'arrête là où commence celle des autres ».

La même chose pourrait d'une certaine manière se dire concernant le conflit à la SNCF, dans le sens où la grève des cheminots empêche les usagers de voyager ou, en tous cas, complique largement leurs transports, mais dans ce cas, leur droit et leur liberté de grève s'imposent logiquement. L'impact est pénible pour les voyageurs, mais c'est justement un moyen de pression. Là où les choses me paraissent plus étonnantes, c'est qu'on entend parler d'un taux de grévistes de 20 à 30 % alors que les jours de grève près de 60 à 80 % des trains sont supprimés. Il semble que certains posent opportunément une heure de grève par-ci par-là pour dérégler le trafic ferroviaire sans forcément aller au bout de la démarche… Il y a sans doute un respect de la légalité au sens strict, mais en cherchant malgré tout à orienter les choses au mieux de leurs intérêts. Par contre, leur légitimité ne me semble plus défendable quand des cheminots vont participer au blocage des universités comme c'était semble-t-il le cas à Nanterre.

Dans la même lignée d'une interrogation sur la légitimité de manifester, je discute l'attitude des zadistes à Notre-Dame des Landes. La raison d'être de leur installation était de lutter contre la construction d'un aéroport, ils ont eu gain de cause. Certains ont peut-être pris goût à la région et veulent s'installer, pourquoi pas et c'est la raison pour laquelle des procédures ont été proposées pour aller dans ce sens... Mais, au nom d'une liberté totale, rester dans l'illégalité et refuser de se déclarer, de payer des taxes ou des impôts, me paraît inéquitable et illégitime, en plus d'être illégal.

Un dernier point de l'actualité peut nous aider à réfléchir sur la tension qui existe entre liberté, légalité et légitimité : il s'agit des frappes aériennes que la France, le Royaume-Uni et les Etats-Unis ont effectuées en Syrie en réaction à l'utilisation présumée d'armes chimiques par Bachar Al-Assad. De manière assez subtile, Emmanuel Macron a précisément évité de dire que ces frappes étaient légales, mais a défendu la légitimité de l'opération militaire. En effet, d'après le droit international, ce qui a été réalisé n'est pas légal puisque n'ayant pas reçu l'aval du Conseil de sécurité de l'ONU, car malgré différentes propositions de résolutions, la Russie, membre permanent du Conseil de sécurité et allié de la Syrie, y met toujours son véto. Alors fallait-il ne rien faire parce que ce n'était pas légal ? En sachant bien entendu que l'utilisation d'armes chimiques, au-delà de l'horreur que cela représente, vient évidemment en transgression des accords internationaux. Même si j'ai de vrais doutes (pour ne pas dire plus) sur l'utilité, la pertinence et l'efficacité de telles frappes, à un moment donné, on peut se poser la question de savoir s'il ne faut pas braver la légalité pour oser faire quelque chose ?

Mais alors sur quels critères se baser ? Faut-il interdire d'interdire et tout permettre au nom de la liberté ? Je crois précisément à l'utilité du lien et de la tension qui doivent exister entre légalité et légitimité. Certes, cela introduit une dose de subjectivité (qui de toutes façons est présente dans l'application de la loi), mais la liberté de conscience peut parfois amener à des actes de résistance qui trouvent une certaine légitimité au-delà de la stricte légalité. En son temps, Jésus invitait à obéir aux autorités, mais en même temps il n'hésitait pas à essayer de faire bouger les lignes, faire valoir ses convictions. Il le faisait sans violence, toujours dans le respect et l'amour d'autrui, sur la base d'idéaux qui ne variaient pas et avec une belle idée de la justice. En d'autres termes, la question de la légitimité était pour lui essentielle. C'est probablement une juste ligne de conduite pour guider nos modes d'être et d'action encore aujourd'hui.

Un dialogue inter-essant
26 avril 2018

Comment trouver un accord si l'on ne dialogue pas ? Il est bien des situations où des divergences de vue peuvent exister, or, à moins de renoncer à toute relation ou vainement espérer que les choses s'arrangent d'elles-mêmes, la rencontre et le dialogue semblent un passage obligé pour aller dans le sens de la conciliation. Mais passer du principe à la réalité est souvent plus complexe qu'il n'y paraît, comme l'actualité nous en donne plusieurs exemples.

Emmanuel Macron vient d'achever une visite officielle aux Etats-Unis, et a clairement cherché à être conciliant avec son homologue américain. Au point que les commentateurs parlent d'une « bromance » entre Donald Trump et le Président français. Ce mot qui est une contraction des mots « brothers » (frères) et « romance » laisse entendre qu'il existe une amitié profonde. On sait pourtant les divergences de fond comme de forme que Donald Trump suscite chez nombre de Français, et sans nul doute aussi chez Emmanuel Macron. Cette stratégie du lien et du dialogue convivial malgré certains désaccords est-elle la bonne ? Elle présente en tous cas l'avantage d'une dynamique positive et d'une minoration de ce qui dérange au bénéfice de ce qui rapproche. Mais en même temps, permet-elle de mettre en évidence ce qui ne va pas et ainsi d'essayer de faire bouger les lignes ?

L'approche inverse aurait été de ne pas dialoguer. C'est ce qu'ont fait les dirigeants coréens pendant bien longtemps avec les tensions que l'on connaît. Or l'éclaircie ouverte pour un début d'échange lors des derniers Jeux Olympiques génère diverses avancées, puisque des parlementaires des deux pays ont pu se rencontrer en Suisse fin mars, et le sommet du vendredi 27 avril entre les dirigeants des deux Corées à la Maison de la Paix dans le village frontalier de Panmunjom marque un tournant. Ainsi, au boycott semble succéder une forme de compromis relationnel qui pourra peut-être un jour tendre vers une réunification.

Il est vrai que sans dialoguer, il y a peu de chance de trouver un accord. C'est pourtant ce qu'ont décidé les syndicats cheminots en boudant la dernière session du cycle de discussions initiée par la Ministre des transports, Elisabeth Borne. Les relations entre deux interlocuteurs peuvent parfois ressembler à un bras de fer, où l'on espère l'emporter en appliquant la loi du plus fort. Faire pression peut faire partie de la résolution d'un conflit, mais c'est rarement un schéma gagnant lorsque c'est la seule approche. Concernant la SNCF, la force de la loi de la part du gouvernement peut s'avérer trop autoritaire, alors que la force de la grève montre aussi ses limites et ses inconvénients pour tous. Toujours est-il que se voir ou se parler mais sans s'écouter et sans être prêt à évoluer, est stérile et n'avance pas à grand-chose.

C'est pourquoi arrêter ou refuser le dialogue peut parfois se comprendre. Il est même des situations où le boycott devient un message en soi, une manière de signifier un désaccord. C'est ce qu'a choisi de faire Hugues Charbonneau, co-producteur du film « 120 battements par minute », Grand Prix du festival de Cannes 2017 et César du meilleur film 2018. Convié le 26 avril au dîner organisé à l'Elysée par le couple présidentiel en l'honneur du cinéma, il a décliné l'invitation et l'a fait savoir, et ce, pour dénoncer la loi « asile et immigration ». Le « sans moi » d'Hugues Charbonneau est finalement peut-être malgré tout une manière de dialoguer puisqu'il ajoute, comme pour continuer le débat : « Comment se réjouir après l'abjecte loi votée dimanche par votre majorité ? [...] Votre politique est violente, vous faites ce que le vieux monde sait faire de mieux : stigmatiser et exclure ». Mais à se lancer de telles invectives, c'est plutôt un dialogue... de sourds.

On ne peut pas tous penser et agir de la même manière, c'est même plutôt une bonne chose. Ceci étant, il faut tenter de s'entendre, de collaborer, de trouver des compromis. Dialoguer est alors essentiel. Mais dialoguer n'est ni de l'ordre de la querelle, ni une simple succession d'avis, mais un échange fécond qui passe nécessairement par une écoute vraie et un partage en vue de se comprendre mutuellement, éventuellement de se rapprocher. Un véritable dialogue est forcément « intéressant », dans le sens originel du terme qui vient du latin *inter esse*, c'est-à-dire « être entre ». Dès lors que la parole peut se dire, qu'elle circule entre les êtres, comme le mot « dialogue » le laisse entendre (*logos* = parole, dialogue = parole échangée), la communication devient plus fructueuse, elle ouvre un avenir, elle est « créatrice ». Dans la Bible, la parole et le dialogue jouent un rôle clé, et parfois de manière presque surprenante le dialogue est toujours favorisé. Après la chute, Dieu prend l'initiative de la rencontre et du dialogue, bien qu'Adam et Eve aient agi dans un sens opposé à la volonté divine. Jésus, lui, n'a pas hésité à dialoguer avec tous, même avec ceux qui pouvaient sembler s'opposer à lui, que ce soit une femme samaritaine, des pharisiens... avec des résultats souvent réjouissants. Nul doute que nous gagnerons à faire de même et à toujours oser le risque du dialogue !

Une colère qui interpelle
3 mai 2018

Le 1ᵉʳ mai, le traditionnel défilé syndical de la fête du travail a dégénéré à Paris du fait de la présence et des actions violentes menées par des *black blocs*. Ainsi quelque 1200 manifestants cagoulés, entièrement vêtus de noir, ont pris la tête de la manifestation, d'abord de manière apaisée, mais bien vite cela a dégénéré et la violence a pris le dessus, laissant un boulevard avec des carcasses de voitures brûlées, des vitrines brisées et un McDonald's dévasté. Forcément, l'intérêt médiatique a été happé par ces réalités et, depuis, la polémique bat son plein concernant l'attitude plutôt permissive et passive, en tout cas au début, de la part des forces de police. Ce n'est pas sur cette polémique que je veux m'arrêter, mais plutôt sur la question plus fondamentale de cette expression de colère collective qui passe par la violence. Il faut bien reconnaître qu'elle est récurrente et que, si elle nous dérange, elle doit aussi nous interpeller, et pourquoi pas nous interroger sur nos propres colères.

En effet, contrairement à ce qui arrive parfois avec des casseurs en fin de manifestation, l'approche des *black blocs* se veut une expression, certes réactionnaire, mais non dénuée d'idées et déterminée à s'opposer au capitalisme, aux gouvernements, aux forces policières et à la mondialisation. Selon le politologue québécois Francis Dupuis-Déri, les racines de ce mouvement remontent à l'Allemagne de la fin des années 80, dans le milieu de la contre-culture des squats où se retrouvaient ceux qui voulaient vivre et s'organiser en marge de l'Etat et du capitalisme, et lutter de manière autonome contre le nucléaire et les néonazis. Les *black blocs* fonctionnent sans hiérarchie, selon des principes proches de ceux des « nouveaux anarchistes » au travers de regroupements ponctuels, le temps d'une manifestation. Avant l'événement, le *black bloc* n'existe pas ; après l'événement, il n'existe plus. Finalement, dans le cadre de l'histoire politique, la violence des *black blocs* est assez limitée en comparaison avec d'autres mouvements. « Cette violence a même été qualifiée de "symbolique" par certains universitaires. Il s'agit de profaner des symboles du capitalisme (devanture de banque, vitrine de magasins de multinationales du vêtement ou de la restauration rapide…) ». Le 1ᵉʳ mai à Paris, les motivations des *black blocs* allaient tout à fait dans ce sens, comme en témoigne cet extrait d'un tract diffusé pour l'occasion : « Casser, c'est récupérer l'argent que les multinationales volent au peuple ». L'un des participants a affirmé : « Casser un McDo, pour moi, au-delà d'un symbole, c'est utile.

Casser une vitrine, brûler une voiture, ce n'est pas violent, parce qu'on ne s'attaque qu'à du symbole, à du matériel, à de l'argent, quoi ». Un autre déclare : « On ne se satisfait plus de juste critiquer, faire une pétition contre je ne sais quoi qui ne change jamais rien. Juste on passe à l'acte en fait ».

Ma sympathie à l'égard d'un tel mouvement violent n'est franchement ni spontanée ni réfléchie. Dès le premier abord, je trouve cette approche condamnable, puis plus je continue d'y penser, plus j'ai la conviction qu'un tel comportement n'est pas en phase avec ce que j'ai envie d'être ou de faire. Par contre, il est vrai qu'au-delà de ces critiques, il est probablement important d'entendre la colère qui s'exprime et qui ne trouve pas d'autres moyens d'émerger, d'où cette manière extrémiste, regrettable, mais qui paraît à leurs auteurs légitimement explosive. Reconnaissons-le, il nous arrive à tous de bouillir intérieurement, de ressentir de la colère, et même parfois de la laisser s'exprimer d'une manière qui est discutable. Il est probablement des colères qui sont condamnables, et celle des *black blocs* en fait peut-être partie, mais il en est d'autres qui pourraient presque trouver une légitimité. S'indigner est parfois important, comme Stéphane Hessel l'a bien montré dans son opuscule qui présentait l'indignation comme le ferment de l'« esprit de résistance ». D'un point de vue chrétien, on peut évidemment se référer à la colère de Jésus qui chasse les vendeurs du temple et renverse leurs tables. Certains parlent d'une sainte colère. Je n'irais pas jusque-là. Mais force est de constater qu'on pourrait trouver une similitude entre le désaccord fondamental sur les valeurs qu'exprime Jésus et celui des *black blocs*. Du reste, la Bible parle de la colère de manière assez ambivalente. Elle est définie au travers de différents termes qui mettent en évidence d'un côté une forme de passion et d'énergie, et de l'autre une forme d'agitation et de bouillonnement. La colère n'est pas condamnée en tant que telle, mais il s'agit de bien la gérer. Elle est condamnable et condamnée lorsqu'au lieu de diriger l'énergie contre le problème en question, elle vient s'opposer aux personnes et leur faire du mal. Par contre, lorsqu'elle est la réaction, certes vive, mais au service d'un idéal, elle peut se justifier. En fait, la colère est avant tout une émotion et, à ce titre, comme toutes les émotions, elle envoie un message, elle évoque quelque chose qui ne va pas, elle signale une blessure. Que ce soit notre colère ou celle des autres, l'idéal est « que le soleil ne se couche pas sur la colère » (Ephésiens 4.26), comme le dit l'apôtre Paul. Mais qu'elle se révèle et interpelle, ce n'est peut-être pas inutile. Encore faut-il trouver la bonne manière de l'exprimer !

Dieu fait son cinéma

10 mai 2018

Le festival de Cannes bat son plein. Moment phare pour la création cinématographique avec ses scénarios, son défilé de stars, ses projections de films et sa palme d'or… Les salles obscures offrent toujours une expérience intéressante même si les films sont aujourd'hui sur tous les types d'écrans. Depuis son invention par les frères Lumière, le cinéma et la vidéo ont fait du chemin et proposent plus que jamais une occasion de rentrer dans un imaginaire intéressant. Si nous aimons tant les films ou les séries, c'est qu'ils contribuent à nous interpeller, tant émotionnellement que rationnellement ; ils nous font rire ou pleurer. Nous nous projetons bien souvent et nous nous identifions à tel ou tel personnage, nous nous retrouvons dans telle ou telle situation. Le cinéma est un art et comme tous les arts, il nous invite à l'émerveillement et à la beauté, mais c'est aussi une manière créative de faire passer un message, de défendre une idée, de faire valoir un point de vue. La dimension narrative des films permet, en nous racontant des histoires et en stimulant notre imaginaire, de nous ouvrir tout un champ de possible potentiellement fructueux. Certes, il faut bien reconnaitre que le cinéma est aussi une industrie centrée sur l'argent et les bénéfices, que le star-système est une porte ouverte à de nombreuses dérives et que bien des films sont d'un creux abyssal. Il n'en reste pas moins vrai que nombre de films ne font pas que nous distraire… Tant mieux !

Dans un monde de plus en plus sécularisé, on aurait pu penser que les sujets bibliques soient peu présents sur les écrans, et pourtant, signe que la spiritualité en général et la foi chrétienne en particulier ne sont ni désuètes ni en voie de disparition, les péplums bibliques sont récurrents. Jésus est bien sûr la star parmi les stars bibliques, mais Moïse, Noé et quelques autres grandes figures sont régulièrement au box-office. Ces dernières semaines, deux films ont été proposés sur deux personnages habituellement peu présents dans le cinéma.

Il y a tout d'abord *Marie Madeleine*, sorti au moment de Pâques, qui pour une fois ne caricature pas la femme de Magdala en pécheresse repentie ou en amoureuse éplorée de Jésus, mais bien comme une disciple parmi d'autres, et même plus fidèle et engagée que les douze. Le réalisateur Garth Davis fait le choix de présenter Marie Madeleine comme une mystique audacieuse et défend un point de vue féministe appuyé. Le Jésus du film manque probablement de profondeur et de réalisme mais y est simple et authentique ; Pierre y est très (trop ?) précocement présenté comme le leader de l'Eglise dès la résurrection ; et Judas est une figure intéressante, impatient de faire advenir le Royaume de Dieu. Au final, le film *Marie Madeleine* offre un point de vue qui à certains égards recentre sur les textes des évangiles tout en prenant des libertés par ailleurs. Le motif récurrent de l'immersion dans l'eau peut être compris comme une invitation à une forme d'engagement en rappel du baptême, ou plus subtilement à une forme d'encouragement à quitter le terre à terre de nos vies pour flotter sur les ailes de la spiritualité.

Le deuxième film, sorti en salle il y a quelques jours, concerne *Paul, apôtre de Jésus-Christ*. Andrew Hyatt, le réalisateur, se concentre sur les derniers jours de celui qui fut persécuteur des chrétiens avant de devenir une figure de proue du christianisme naissant, un missionnaire infatigable et surtout en quelque sorte, le fondateur de la théologie chrétienne. Tout se passe à Rome, alors que Paul est emprisonné et que les chrétiens sont accusés par l'empereur Néron d'avoir mis le feu à la ville, prétexte bienvenu pour justifier les persécutions. Luc, le médecin, auteur d'un évangile et du livre des Actes des apôtres, rencontre Paul dans sa prison, ce qui est l'occasion de citer de manière certainement trop littéraire, certains des extraits des épitres pauliniennes. L'irruption d'un préfet romain avec sa fille incurable apporte une intrigue supplémentaire mais, au final, le film est plutôt décevant. Il manque à mettre en perspective l'étonnant et riche parcours de Paul, même si, bien sûr, il apporte un point de vue en se focalisant sur la fin de vie d'un des plus zélés défenseurs de la foi chrétienne, dont certaines formules continuent d'être porteuses de sens, même si elle ne sont pas toujours adroitement amenées dans le film : « La grâce a surabondé » ; « Si le Christ n'est pas ressuscité, notre foi est vaine » ; « C'est lorsque je suis faible que je suis fort » ou encore : « L'amour est patient, l'amour rend service, l'amour ne jalouse pas ».

Mettre Dieu, ou ceux qui se réclament de lui, à l'écran témoigne de la pertinence d'un message qui n'a pas perdu de sa puissance et de son intérêt. Mais en les présentant au travers de la subjectivité d'un film, cela nous rappelle que même les écrits bibliques nous offrent certains regards spécifiques sur la réalité, sur la vérité. Finalement, comme toute ouverture au transcendant ou toute démarche de foi, il est normal et même essentiel que l'expérience spirituelle passe par le creuset d'une interprétation qui ne peut faire l'économie d'un point de vue et d'un engagement personnel. Dieu fait peut-être son cinéma, mais si certains le mettent en image, l'essentiel est de rendre ce film vivant, surtout en comprenant que Dieu désire écrire un scénario unique dans chacune de nos vies.

De la considération pour autrui
17 mai 2018

S e décentrer de ses propres certitudes et considérer autrui avec respect et authenticité est parfois un défi, et en tous cas pas toujours évident. Plusieurs événements de l'actualité peuvent illustrer cette réalité de la difficulté à regarder les situations avec objectivité et respect ou estimer les personnes avec altruisme et empathie.

L'épisode malheureux de l'opératrice du Samu de Strasbourg qui n'a pas pris au sérieux l'appel de Naomi en est un exemple aussi triste que radical. Naomi Musenga avait appelé le 15 pour solliciter de l'aide alors qu'elle souffrait de maux de ventre fulgurants, mais la standardiste s'était moquée d'elle et n'avait pas pris au sérieux la jeune mère qui est finalement décédée quelques heures plus tard d'une défaillance multi-viscérale sur choc hémorragique. Aujourd'hui, l'opératrice du Samu reconnaît que sa réponse était « malvenue » mais invoque des conditions de travail difficiles. Toujours est-il qu'elle a indéniablement manqué de lucidité et de sympathie et n'a pas su être à l'écoute de l'appel à l'aide de son interlocutrice.

A un tout autre niveau, je m'interroge sur les rapports que Donald Trump entretient avec la Corée du Nord, comme d'ailleurs les représentants des autres nations nucléarisées. Alors qu'un sommet prometteur se profile entre les Etats-Unis et la Corée du Nord, le 12 juin à Singapour, le Président américain vient de rappeler une condition préalable, en l'occurrence, un renoncement nucléaire unilatéral. Washington exige « la dénucléarisation complète, vérifiable et irréversible » de la Corée du Nord. Il est vrai que cela est en phase avec les accords internationaux sur la question, mais je reste malgré tout toujours étonné que les grandes puissances nucléaires exigent des autres qu'elles renoncent à ce qu'elles s'autorisent. Pour ma part, je suis partisan de la dénucléarisation, mais je trouverais cohérent que tous aillent dans le sens de renoncer aux armes nucléaires et détruisent leur arsenal ; la Lybie, l'Iran et la Corée du Nord en tête, mais aussi les Etats-Unis, la France ou Israël... « Faire soi-même ce que l'on demande aux autres » me paraît être un principe cohérent et équilibré, même si, sur le sujet en question, j'ai bien conscience que la géopolitique associée à cette idée n'est pas simple en ce qui concerne le nucléaire.

Bien d'autres situations pourraient être détaillées, comme la situation entre Israéliens et Palestiniens. Lundi 14 mai, plusieurs dizaines de milliers de Palestiniens s'étaient rassemblés à la frontière entre Israël et la bande de Gaza pour protester contre l'inauguration, ce jour-là, de l'Ambassade américaine à Jérusalem. On peut entendre la frustration des Palestiniens qui vivent une situation compliquée dans leur territoire si limité géographiquement, politiquement et économiquement. On peut comprendre le désir des Israéliens d'assurer leur sécurité. Mais ce n'est pas en humiliant leurs opposants, et encore moins en leur tirant dessus de manière plutôt hâtive que l'on contribue à la sérénité. Non seulement les victimes ont été trop nombreuses, mais en ne considérant pas, un tant soit peu, les aspirations d'autrui, on ne fait qu'exacerber les choses.

Un extrait de la Bible affirme : « Ne faites rien par rivalité ou par vaine gloire, mais dans l'humilité, estimez les autres supérieurs à vous-mêmes. Que chacun de vous, au lieu de considérer ses propres intérêts, considère aussi ceux des autres » (Philippiens 2.3-4). Cette invitation à un profond respect d'autrui, et même à une valorisation de l'autre, va dans le sens de ce que Kant prônait avec son impératif catégorique : « Agis de façon telle que tu traites l'humanité, aussi bien dans ta personne que dans toute autre, toujours en même temps comme fin, et jamais simplement comme moyen ». L'importance de donner à l'autre le statut d'un véritable sujet, c'est ce qu'a très bien montré Martin Buber dans son célèbre essai Je et Tu. Il explique que les relations humaines peuvent prendre deux orientations, le « Je-Tu » et le « Je-Cela ». Dans la relation « Je-Cela », l'autre existe non pas en tant que véritable personne mais pour ce qu'il représente. Par contre, la relation « Je-Tu » permet une véritable rencontre de l'autre et met en jeu la totalité de la présence. Pour que cette relation advienne, il importe de changer de regard, de faire preuve d'ouverture, de disponibilité et finalement d'avoir une véritable considération pour autrui.

La force des symboles

24 mai 2018

L a vie est remplie de symboles… Des gestes, des moments, des images, des mots, parfois des personnes qui sont ou qui deviennent symboliques, dans le sens où ils ont une portée qui va au-delà de ce qu'ils représentent.

Samedi 19 mai a eu lieu un événement planétaire des plus symboliques. En effet, des mariages, il y en a des millions chaque année qui, au-delà des cercles familiaux et amicaux, passent tous inaperçus pour la population mondiale. Mais quand Harry et Meghan se marient, plusieurs milliards de téléspectateurs se rassemblent autour de l'événement ! Un mariage est déjà en soi un acte symbolique, mais lorsque c'est un « royal wedding », quand bien même la monarchie anglaise n'a plus grand-chose de royal et est surtout une monarchie de papier glacé pour la presse people, alors malgré tout, il y a comme un point de focalisation, une projection collective dans un imaginaire qui montre bien que nous avons tous besoin de symboles. Et ce mariage-là en était plein. Certains de ces symboles étaient plutôt matérialistes, comme la robe blanche Givenchy créée par Clare Waight Keller qui habillait Meghan ; le gâteau au citron et à la fleur de sureau spécialement conçu pour le couple par la cheffe pâtissière américaine Claire Ptak ; l'émeraude qu'arborait Meghan à la soirée, qui appartenait à la princesse Diana et que Harry lui a offerte ; ou encore le fait que le couple se rende à la soirée dans une Jaguar Type-E décapotable avec comme numéro d'immatriculation E190518, date dudit mariage. D'autres symboles cherchaient plutôt à ancrer ce mariage dans la tradition, comme le lieu : la chapelle Saint-Georges du Château de Windsor, ou le fait que c'est l'archevêque de Canterburry qui a accueilli les vœux des mariés. Enfin, et ils étaient nombreux, certains symboles étaient clairement porteurs de nouveauté et d'audace, comme pour essayer d'ancrer la monarchie dans une nouvelle ère, plus ouverte, plus diverse, plus novatrice. Ainsi, c'est seule que Meghan est entrée dans l'Eglise. Il est vrai que son père malade ne pouvait être présent et ce n'est que pour ses derniers pas dans la nef qu'elle a pris le bras de son futur beau-père, le prince Charles. Mais peut-être la nouveauté la plus flagrante a été que le sermon soit confié au révérend Michael Curry, premier afro-américain à diriger l'Eglise anglicane aux Etats-Unis, qui a pris des accents enflammés peu habituels dans une cérémonie royale en vantant le pouvoir de l'amour, citant Martin Luther King et faisant référence à l'esclavage, sachant que la maman de la mariée, Doria Ragland, est une descendante d'esclaves des plantations de coton de Géorgie du Sud. Au final, tous ces symboles étaient au service de l'amour, comme l'a affirmé le prédicateur : « Nous devons trouver le pouvoir de l'amour, le pouvoir rédempteur de l'amour. De cette façon, nous pourrons faire du vieux monde un monde nouveau. L'amour est le seul moyen ».

Si des événements planétaires peuvent faire éclater au grand jour la force des symboles, d'autres événements bien plus intimes le peuvent aussi. Le 12 mai avait lieu le concours Eurovision de la chanson 2018. Emilie Satt et Jean-Karl Lucas, les comparses du duo *Madame Monsieur* qui représentaient la France, ont présenté leur chanson dont le titre, *Mercy*, est toute une histoire, forte en symboles. En fait, Mercy est le nom d'une petite fille nigériane née à bord de l'Aquarius, un bateau humanitaire qui vient en aide aux migrants naufragés en Méditerranée. L'histoire de la naissance de Mercy, dont la maman, Taiwo, a fui la guerre en montant dans un bateau de fortune qui a fait naufrage en mars 2017, a été racontée par tweets en direct par un journaliste de Nice-matin qui faisait un reportage sur l'Aquarius ce jour-là. C'est en découvrant ces tweets que les chanteurs, qui cherchaient un sujet pour leur prochaine chanson, ont décidé de faire de Mercy un symbole, comme en témoignent quelques extraits des paroles de ce qui est devenu un tube :

> « Je suis née ce matin, je m'appelle Mercy. Au milieu de la mer, entre deux pays, Mercy. C'était un long chemin et maman l'a pris. Elle m'avait dans la peau, huit mois et demi. On a quitté la maison, c'était la guerre. Sûr qu'elle avait raison, y'avait rien à perdre. Oh non, excepté la vie. [...] On m'a tendu la main et je suis en vie. Je suis tous ces enfants que la mer a pris. Je vivrai cent mille ans. Je m'appelle Mercy. Si il est urgent de naître, comprenez aussi qu'il est urgent de renaître, quand tout est détruit. Mercy ».

Aujourd'hui, personne ne semble savoir ce que sont devenues Mercy et sa maman, elles sont probablement quelque part en Italie puisque l'Aquarius les a déposées à Catane en Sicile. En tous cas, sans le savoir, Mercy nous interpelle tous.

Et c'est précisément la force du symbole que d'interpeler nos consciences, de stimuler notre rationalité, mais aussi de nous faire entrevoir les choses au travers de nos émotions. Du reste, les grandes étapes de la vie — la naissance, le mariage, la mort — sont associées à de nombreux symboles. Ce n'est pas anodin non plus que la vie spirituelle soit remplie de symboles, car cela aide à ouvrir un espace de transcendance. En tous cas, nos gestes ou nos mots symboliques sont importants, même si en soi ils semblent insignifiants, ils sont malgré les apparences ce qui parle en nous le plus fort !

Le mérite ou la grâce

31 mai 2018

S amedi 26 mai, grâce à son attitude audacieuse, courageuse et altruiste, Mamoudou Gassama est devenu un héros. Il aura suffi d'une minute pour que sa vie bascule. Que cette minute-là soit filmée aussi, afin que le monde entier soit impressionné par un acte aussi spontané qu'athlétique. En effet, un enfant, que son père avait laissé seul un moment, s'est retrouvé, on ne sait ni pourquoi ni comment, accroché à la rambarde de son balcon du quatrième étage. Notre vaillant héros, voyant cela, n'a pas hésité une seconde, s'est hissé à la force de ses bras de balcon en balcon pour finalement attraper victorieusement le bras de l'enfant et le mettre à l'abri d'une chute qui aurait probablement été fatale. Or dans notre société ultra-médiatisée, un tel événement fait de suite le tour du monde, et sans surprise l'exécutif français a voulu marquer le coup. Reçu à l'Elysée par le Président de la République, le jeune Malien de 22 ans, immigré de l'ombre, a soudain pris la lumière ! Emmanuel Macron a élevé Mamoudou Gassama au statut de héros national et déclaré : « Je lui ai annoncé qu'en reconnaissance de cet acte héroïque il allait être régularisé dans les plus brefs délais, et que la brigade des sapeurs-pompiers de Paris était prête à l'accueillir. Je l'ai également invité à déposer une demande de naturalisation. Car la France est une volonté, et Monsieur Gassama a démontré avec engagement qu'il l'avait ». Nombreux ont été ceux qui en ont rajouté. Ainsi le Ministre de l'Intérieur, Gérard Collomb, a tweeté : « A un grand homme, la patrie reconnaissante ». Quant au porte-parole du gouvernement, Benjamin Grivaux, il a affirmé : « Cet acte d'une immense bravoure, fidèle aux valeurs de solidarité de notre République, doit lui ouvrir les portes de notre communauté nationale ». Je ne sais pas si l'on peut parler là d'une récupération, en tous cas il y a clairement eu une volonté de mettre en avant les mérites du jeune homme, comme pour modéliser et encourager chaque Français à oser prendre des initiatives courageuses et apporter une contribution constructive à la communauté nationale. Peut-être aussi y avait-il là une aubaine d'image en mettant en valeur un jeune, noir, immigré… qui est en phase avec les valeurs de la République.

Mamoudou Gassama va donc obtenir la citoyenneté française du fait de ses mérites. Cela ne me dérange pas en soi et j'apprécie même cette reconnaissance et cette générosité. Cependant, je ne peux pas m'empêcher de penser que l'accès à une autre citoyenneté, celle que la Bible décrit comme la « citoyenneté des cieux » (Philippiens 3.20) est, elle, complètement libre, gratuite, accessible à tous et donc pure grâce. Et cette approche-là, celle de la grâce, qui accueille inconditionnellement et prend soin du pauvre, du démuni, de l'opprimé, me va encore mieux. En fait, ce qui me gêne n'est pas tant que Mamoudou Gassama, en vertu de ses mérites, obtienne un passeport et un travail, mais le fait que c'est son instant de gloire qui l'a propulsé au-devant de la scène avec ces résultats. Des personnes audacieuses, courageuses, altruistes, il y a sans doute beaucoup parmi les migrants ou les personnes en situation irrégulière. Sauf qu'il n'y avait peut-être personne pour les filmer, ou que leur générosité a été moins ponctuelle ou moins spectaculaire. Il ne faudrait pas que Mamoudou Gassama devienne la bonne conscience nationale, l'arbre qui cache la forêt, et que le sort qui lui est fait exempte le pays et chacun de nous d'une attention bienveillante envers tous. On ne peut généraliser, mais bien des sans-papiers ont un cœur bon et généreux, comme l'a montré Mamoudou Gassama. Et puis célébrer le mérite, pourquoi pas, mais aussi et surtout, faire preuve de grâce est peut-être encore plus essentiel.

Le hasard du calendrier, ou des circonstances, met en évidence que le Président Macron a accordé sa première grâce présidentielle du quinquennat la veille de l'épopée médiatisée du jeune Malien. C'est une ancienne prostituée, condamnée pour meurtre d'un de ses clients, qui en a bénéficié. De la prison à perpétuité, sa peine a été commuée à vingt ans d'emprisonnement, ce qui ne rendra pas pour l'instant la liberté à Marie-Claire F., 73 ans, mais adoucira ses conditions de détention. Et étonnamment (ou pas), le service de presse présidentiel n'a pas mis en exergue cette décision. Serait-ce à dire que le mérite a plus d'importance que la grâce ? Peut-être pour Emmanuel Macron, notamment dans l'optique d'un leadership politique. En tous cas, dans l'optique chrétienne de la vie, et surtout dans la perspective divine, c'est l'inverse. Non que le mérite et les actes d'altruisme soient inutiles, loin de là, mais ils ne sont pas une planche de salut. Ils sont la conséquence d'un amour inconditionnel qui transforme nos regards. Dans l'esprit de la Bible, c'est lorsque l'on se sent aimé que l'on est mieux à même d'aimer à notre tour (1 Jean 4.11). Alors, oui aux mérites, mais surtout, vive la grâce ! Finalement, comme l'a si joliment déclaré Saint-Augustin : « La mesure de l'amour c'est d'aimer sans mesure ».

Des données protégées ou projetées ?
7 juin 2018

Depuis le 25 mai, le Règlement général sur la protection des données (RGPD) est entré en vigueur simultanément dans toute l'Europe. Pour les particuliers, cela se manifeste surtout par la réception de beaucoup de courriels qui viennent nous informer de la politique de confidentialité mise en œuvre par les organisations avec lesquelles nous sommes en lien. Notre réaction est probablement que cela vient encombrer des boites mail déjà bien souvent trop remplies ; sauf que tout cela n'est pas anodin.

En fait, l'idée initiale vient de la Commission européenne qui a pris conscience que la législation, qui datait de 1995, avait besoin de s'adapter aux évolutions technologiques, à leurs potentialités et surtout aux pratiques en cours. Bruxelles a donc lancé un nouveau projet de règlement en 2012, dont la « carrière législative » a abouti en avril 2016. Il fallait néanmoins donner du temps à tous les Etats afin de le traduire dans leur droit national et à tous les utilisateurs de données personnelles de s'adapter. D'où une entrée en vigueur toute récente. Mais quelle est la nouveauté de ce RGPD ? Il y a en fait trois objectifs principaux : uniformiser les règles de protection des données personnelles au niveau européen ; renforcer la sécurité et donc protéger davantage les données à caractère personnel, en particulier les données sensibles ; mais enfin et surtout, instaurer plus de transparence sur les modalités de collecte et d'utilisation de ces données. Il y a maintenant obligation de donner une information exhaustive et d'avoir un accord explicite de l'utilisateur pour l'intégrer à une base de données. On parle de « privacy by design », ce qui induit la prise en compte de la notion du respect de la vie privée dès la conception. On parle aussi de « opt-in ». Mais le « opt-out » qui existait déjà a malgré tout été renforcé. Dorénavant il y a un véritable droit à l'oubli ou au déréférencement.

Le débat autour de la protection des données personnelles est plus impactant qu'on ne l'imagine bien souvent. Pour rappel, on entend par « donnée personnelle » une information qui permet d'identifier une personne physique, directement ou indirectement. Il peut s'agir d'un nom, d'une photographie, d'une adresse IP, d'un numéro de téléphone, d'un identifiant de connexion informatique, d'une adresse postale, d'une empreinte, d'un enregistrement vocal, d'un numéro de sécurité sociale, d'un mail, mais aussi de tout un tas de choses liées à la vie de la personne, les sites visités, les achats réalisés ou même seulement envisagés, etc. Certaines données sont considérées comme sensibles, car elles touchent à des informations qui peuvent donner lieu à de la discrimination ou à des préjugés : une opinion politique, une sensibilité religieuse, un engagement syndical, une appartenance ethnique, une orientation sexuelle, une situation médicale ou des idées philosophiques. Le RGPD va-t-il changer quelque chose ? Dans un sens on peut l'espérer, et ce sera le cas pour ceux qui seront sensibles au sujet et qui seront prudents, mais dans bien des cas et pour la majorité, cela ne va pas changer grand-chose, car beaucoup accepteront d'être sur les bases de données de Facebook, Google, des sites marchands et compagnie, sans lire ni s'opposer à toutes les petites clauses et autres informations sur la manière dont ces données seront traitées, utilisées, vendues. En fait, derrière ces données, il y a notamment un enjeu marketing et publicitaire des plus juteux. Deux phrases illustrent bien certains enjeux de la question. La première est : « Si c'est gratuit, c'est vous le produit ». La deuxième va dans le même sens : « C'est nous qui donnons gentiment notre laine à ceux qui nous la vendent ». En d'autres termes, il y a comme une sorte de confusion des rôles, puisque pour soi-disant mieux nous servir, on se sert de nous. Nous avons peut-être l'impression que c'est à notre bénéfice, et c'est sûrement en partie vrai, mais c'est surtout pour l'enrichissement de quelques-uns.

En fait, il me semble qu'il y a deux questions fondamentales liées à ce RGPD. D'abord la question de l'intimité. Certes, dans la Bible, un psaume affirme que Dieu nous scrute et nous connait jusque dans les moindres détails : « Mystérieuse connaissance qui nous dépasse », puisque le Seigneur « connait mon coucher et mon lever ; mes projets ; ma route et mon gîte ; mes chemins... » Plus encore, « un mot n'est pas encore sur ma langue, et déjà, le Seigneur le connait » (Psaume 139.1-6). Quand c'est un Dieu bienveillant qui connaît tout de nous, cela rassure, mais quand c'est un géant du web qui ne pense qu'à s'enrichir, il y a probablement une légitimité à se protéger. Et c'est lié au deuxième enjeu majeur, révélateur d'une dérive de nos sociétés qui ne considèrent plus les gens comme des sujets, mais bien comme des objets. L'omniprésence et l'omnipotence de la relation marchande tendent à chosifier les gens. Nos données et finalement nos personnes sont bien souvent « projetées » à tous vents. Pourquoi pas, mais peut-être est-il légitime de se protéger un tant soit peu, car nul doute que l'intime, et tout ce qui s'y vit, demeure essentiel, précisément parce qu'il n'y a rien de plus authentique !

Le monde est fou, fou, foot

14 juin 2018

La Coupe du monde de football commence et va tenir en haleine la planète entière pendant les semaines à venir. Qu'on aime le foot ou pas, il sera difficile d'y échapper. Lors du dernier mondial, près de la moitié de la population de la terre a été concernée, puisque 3,2 milliards de personnes ont vu au moins une minute d'un match. Cette année 32 équipes ont obtenu leur ticket pour la phase finale après 871 matches de qualifications et 2469 buts marqués. Le budget global est d'environ 10 milliards de dollars. Nous aurons droit à 64 matches dans 12 stades différents. La seule équipe à avoir participé aux 21 phases finales est le Brésil, et c'est logiquement elle qui a le plus de victoires à son actif, 5 ; suivie de près par l'Allemagne et l'Italie qui ont chacune 4 étoiles sur leurs maillots. Le meilleur buteur lors d'une même phase finale reste le Français Just Fontaine avec 13 réalisations ; c'était en 1958. L'Allemand Miroslav Klose est le meilleur buteur de l'histoire de la Coupe du monde, mais il lui a fallu participer à quatre coupes du monde pour en arriver là. Quant au but le plus rapide, c'est la Turquie qui est détentrice : en 2002, il aura fallu 11 secondes pour voir l'ouverture du score ! Pour gagner cette édition, faudra-t-il de la jeunesse ou de l'expérience ? En tous cas, l'équipe à la moyenne d'âge la plus âgée est le Costa-Rica. Et la plus jeune est la France : 26 ans de moyenne d'âge.

Au foot, le ballon est rond, comme la planète, mais pour l'un comme pour l'autre, on peut parfois se demander si tout tourne bien comme il faut. En tous cas, ce mondial de foot avec ses élans positifs mais aussi ses dérives, est une sorte de miroir de nos sociétés. A l'orée de ce mondial, cela m'inspire quelques réflexions... paradoxales !

On trouve dans le foot un premier paradoxe intéressant : la tension qui existe entre individualisme et communautarisme (qui peut parfois être une forme de nationalisme, ou tout simplement un esprit d'équipe). Il est intéressant de remarquer que dans les clubs, les liens d'attachement des joueurs aux dits clubs sont de plus en plus fragiles. C'est souvent les chèques qui font la décision plus que l'amour du maillot. Le foot est un sport d'équipe mais bien des joueurs cherchent à tirer la couverture à eux. L'attitude du Français Adrien Rabiot qui n'a pas été sélectionné et qui n'a même pas daigné rester sur une liste de remplaçants potentiels illustre cet égocentrisme. Et pourtant, à l'heure du mondial, où les clubs laissent la place aux équipes nationales, même si les égos n'ont pas disparu, il émerge une dynamique collective intéressante, que ce soit au sein des équipes ou à l'échelle des nations. Le village global dans lequel nous vivons génère malgré tout encore quelques beaux défis entre ses différents quartiers.

Dans le foot, l'argent déborde et les salaires des joueurs sont indécents, comme ceux des transferts, des droits télé ou autres. Pourtant, lors d'une coupe du monde, les sommes restent plus raisonnables et sont même soumises aux résultats !

Derrière le sport, la politique n'est jamais loin. A l'époque des Romains, donner du pain et des jeux aux citoyens avait pour fonction de noyer les revendications et de calmer les récriminations. Nul doute que si la manière de donner du pain et des jeux a changé, les effets demeurent. Il ne faut pas être prophète pour deviner que dans les prochaines semaines les grèves vont aller en diminuant, les polémiques seront moins nombreuses et que certains esprits vont se calmer. Cela a commencé en Russie au matin même du premier match puisque l'opposant à Vladimir Poutine, Alexeï Navalny, a été libéré après avoir été arrêté il y a un mois lors d'une manifestation. Le militant a su réagir avec humour puisqu'il a tweeté : « Terriblement heureux d'être libre » en ajoutant un photomontage où il sort de prison ballon au pied !

Enfin, dernier paradoxe, nul doute qu'il y aura une équipe championne du monde 2018 ; mais il n'est pas sûr qu'il y aura un seul vainqueur. Ni que tous, dans l'équipe qui l'emportera, seront gagnants. Dans la vie, la victoire prend parfois des chemins étonnants. Dans le sport, dans les relations, dans le travail, dans les études, dans la vie en général, la réussite n'est pas toujours celle que l'on imagine. L'essentiel est que chacun donne le meilleur de soi, accueille les événements avec philosophie, ait de la joie dans ce qui est vécu. Cette vision-là peut d'ailleurs trouver des fondements très riches dans l'attitude de Jésus qui, aux yeux de la majorité, semblait avoir échoué en étant crucifié, alors qu'étonnamment son humilité, son renoncement et même son apparente défaite, ont finalement été le passage obligé et le tremplin d'une formidable victoire. Alors peut-être que l'important n'est pas tant de gagner la Coupe du monde que d'y trouver du plaisir, quel qu'il soit !

Faire ce que l'on aime,
aimer ce que l'on fait !

21 juin 2018

Les épreuves du baccalauréat battent leur plein... Il y a quelques semaines, c'étaient les examens dans les universités, bientôt il y aura le brevet pour ceux qui finissent le collège. Avant un été synonyme de vacances ressourçantes, les étudiants n'échappent pas à l'exigence de réussir leurs examens en vue d'obtenir le diplôme espéré. On ne peut que souhaiter à chacun de faire de son mieux et bien sûr de réussir. Ceci étant, l'obtention d'un diplôme n'est pas une fin en soi. Et peut-être aujourd'hui plus qu'auparavant. En effet, dans un contexte où le marché du travail est vacillant, si la réussite des études demeure un facteur facilitant, cela n'est plus suffisant pour avoir la garantie de trouver du travail... Mais au-delà même de l'espoir de trouver un emploi, de plus en plus nombreux sont ceux qui cherchent à donner du sens à leurs études comme à leur occupation professionnelle.

Une étude récente a mis en évidence que les deux tiers des 18-30 ans veulent un emploi « qui a du sens », et 58 % espèrent une « meilleure conciliation entre vie privée et vie professionnelle ». Cela rejoint une autre enquête selon laquelle les étudiants estiment à 60 % que « pour réussir, il faut être motivé par la défense d'une cause ». L'ambition ne motiverait plus que 18 % des jeunes. Ce n'est plus tant la « reconnaissance » (13 %), « l'obtention d'un statut » (5 %), ni même « l'argent » (2 %) qui motivent, mais ce qui permet d'« être fidèle à ses valeurs » (59 %). De ce fait, on comprend la frustration de certains jeunes qui, dans le processus de sélection de leur filière post-bac, ParcoursSup, se retrouvent ou se retrouveront à préparer un diplôme qui n'est pas forcément ce qu'ils auraient souhaité prioritairement.

Certes, les choses ne sont pas figées, car cette valorisation des valeurs et du sens peut amener à des tournants professionnels significatifs. Il est loin le temps où la majorité des gens n'avaient qu'un seul métier et qu'un seul employeur durant toute leur vie. Une étude récente montre que 26 % des salariés ont connu une transition professionnelle au cours des 12 derniers mois. Il semble qu'en moyenne, actuellement, on change près de 5 fois d'employeurs dans une vie. En tous cas, cela est corroboré par le fait que de plus en plus de jeunes adultes diplômés, parfois surdiplômés, font le choix de changer radicalement de carrière, notamment pour se tourner vers des métiers manuels. Il y a comme une inversion des valeurs : la finance, le commerce, ou le tertiaire en général, semblent perdre de leur attrait au bénéfice des métiers d'artisanat et d'agriculture. Il y a comme un désir de mettre en pratique l'adage de Confucius : « Choisis un travail que tu aimes, et tu n'auras pas à travailler un seul jour de ta vie ».

S'il y a des attentes particulières de la part des individus en vue d'un parcours professionnel qui s'intègre à part entière dans un parcours de vie épanoui et fondé sur les valeurs, il en est de même pour les entreprises et les employeurs. C'est de moins en moins sur le seul « savoir-faire » que les recruteurs s'appuient, mais aussi sur le « savoir-être ». C'est aussi vrai des formations, qui intègrent de plus en plus cette dimension humaine dans leurs programmes, ou même qui créent des cursus spécifiques centrés sur les valeurs, comme c'est par exemple le cas d'un récent Master intitulé « Peace » à l'Université de Paris Dauphine. Etudier pour être acteur de paix, franchement cela a du sens. Au-delà de cette filière spécifique, il y a comme une prise de conscience, qui me semble tout à fait aller dans le bon sens. Cela rejoint quelque peu la formule de Rabelais, selon qui « Science sans conscience n'est que ruine de l'âme ».

Dans la Bible, il est aussi question de construire un avenir épanouissant. C'est le prophète Jérémie qui relaie cette parole divine : « Car je connais les projets que j'ai formés sur vous, dit l'Éternel, projets de paix et non de malheur, afin de vous donner un avenir et de l'espérance » (Jérémie 29.11). L'Ecclésiaste, lui, insiste sur l'importance de la joie : « Si donc quelqu'un vit beaucoup d'années, qu'il se réjouisse de chacune d'elles » ; certes il y a des jours plus sombres, mais il insiste : « Réjouis-toi de tes jeunes années, que ton cœur te rende heureux pendant les jours de ta jeunesse ; suis les voies de ton cœur » (Ecclésiaste 11.8-9). La question n'est donc plus tant aujourd'hui de savoir si on est à bac + 2, + 3 ou bac + 5, mais bien d'être à bac + sens. Il importe de vivre ses aspirations et oser faire ce qui nous plait. Ceci étant, étudier est loin d'être inutile, et si un diplôme n'est pas une fin en soi, cela demeure un sésame précieux. Alors bon courage à tous les étudiants, et n'oublions de faire ce que nous aimons et d'aimer ce que nous faisons.

Les frontières de la bienveillance
28 juin 2018

La notion de frontière est une réalité à la fois très formelle et en même temps tellement subjective. C'est en tout cas ce qu'a eu le temps de se dire Cedella Roman. Cette jeune française était en séjour au Canada chez sa mère lorsqu'elle est partie faire un footing sur la plage. Sauf qu'en faisant un léger détour pour prendre une photo, elle a franchi sans s'en rendre compte la frontière, non matérialisée. Or deux agents américains qui se trouvaient là, chargés de la surveillance de cette frontière, l'ont accusée d'entrée illégale aux Etats-Unis. Il s'en est suivi toute une procédure qui l'a amenée tout d'abord dans un bâtiment où on a pris ses empreintes digitales puis retiré tous ses effets. Elle a ensuite pu téléphoner à sa mère mais a malgré tout été emmenée dans un centre de détention de Tacoma dans l'Etat de Washington. Enfermée donc depuis le 22 mai, sa mère n'arrive que deux jours plus tard avec ses papiers, mais la jeune fille va malgré tout rester enfermée deux semaines, jusqu'au 6 juin, le temps de démêler l'imbroglio juridique. Après coup, elle témoigne de son choc : « Je me suis retrouvée en prison. Nous étions enfermés en permanence, et dans la cour, il y avait des barbelés et des chiens. Je vivais dans une grande pièce qui abritait soixante lits superposés et une centaine de migrants. On essayait de s'entraider, il y avait une bonne ambiance. Et voir des gens venus d'Afrique et d'ailleurs enfermés pour avoir essayé de passer la frontière, ça m'a fait relativiser mon expérience », mais malgré tout, dira-t-elle, « j'ai eu très peur, j'avais l'impression d'être une grande criminelle ». Au-delà de la frontière physique entre deux pays, ici en l'occurrence très floue, la frontière dans la distinction entre une personne lambda comme Cedella Roman qui s'est trouvée là par mégarde, des migrants qui n'ont rien à se reprocher mais qui essayent simplement de se refaire une vie, et des criminels, la non-différence de traitement est menue et étonnante. Dans la gestion du cas de la jeune française, franchement, quel manque de bienveillance et de lucidité. On peut comprendre qu'il faille un cadre juridique pour traiter de tout cela, mais lorsqu'il est aussi lourd et inadapté, on se dit qu'il y a quelque chose à revoir.

C'est d'ailleurs ce que se disent les dirigeants européens en lien avec la crise des migrants qui bat son plein. Les accords de Dublin, notamment, qui datent de 1990, sont devenus assez obsolètes ou en tous cas inadaptés. Au départ, la convention de Dublin visait à harmoniser la politique d'asile des Etats membres et contribuait à responsabiliser les pays aux frontières extérieures de Schengen en les obligeant à prendre en charge ceux qu'ils laissaient entrer. Mais cette règle imposant qu'une demande d'asile soit examinée dans le pays où le migrant est arrivé, crée des lourdeurs administratives énormes, des incohérences et des déséquilibres entre les pays, et des frustrations chez les migrants qui rêvent d'autres horizons et qui sont bloqués parfois presque deux ans avant qu'un premier examen de leur dossier soit fait. C'est entre autres pour ces raisons que certains bateaux d'ONG qui essayent de sauver des vies en Méditerranée doivent errer dans l'attente et dans l'espoir de trouver un port où proposer un peu d'humanité à des gens en grande détresse. Certes, le problème est complexe, certaines peurs légitimes, il faut gérer les opinions publiques et en même temps malgré tout faire preuve de bienveillance. Ce n'est pas simple.

En fin de compte, les frontières jouent un double rôle… et pas forcément celui que l'on voudrait leur assigner. Plus que simplement marquer l'altérité, la différence, donner un cadre, le plus souvent aujourd'hui les frontières fonctionnent en tant que limites, qu'interdits et ont un effet repoussoir. Ce n'est pas anodin qu'ici et là on érige des murs. Mais en communiquant ou en vivant ainsi les démarcations, non seulement les frontières jouent un rôle vis-à-vis de l'extérieur, mais aussi de l'intérieur. On souhaite pouvoir empêcher les autres d'entrer, mais ce faisant, on se limite soi-même dans sa capacité de rayonnement, d'altruisme, de dépassement et d'ouverture. L'hospitalité a perdu de sa spontanéité. L'accueil manque de bonté et de générosité. Finalement, le risque est que l'on s'interdise soi-même la bienveillance. Et cela est vrai à un niveau national en lien avec les frontières géographiques de nos différents pays, mais il est aussi possible de se construire des frontières humaines, relationnelles, professionnelles ou spirituelles, qui nous privent peut-être de la richesse qui vient d'ailleurs, mais aussi qui nous retiennent de découvrir de nouveaux horizons. Et si les frontières de la bienveillance avaient justement vocation, non pas à retenir, à limiter, à enfermer, mais à mettre en route, à dépasser, à découvrir…, nul doute que ce pari de l'altérité, certes risqué, pourrait élargir positivement l'espace de nos vies. Et comme le dit la Bible, « l'homme dont le regard est bienveillant sera béni » (Proverbes 22.9).

Sommaire